まえがき

♣ 優れた指導法を追究する ♣

　新卒の時から酒井臣吾先生の絵画指導を追いかけている。「全ての子にダイナミックな絵を描かせることができる」「全ての子が満足する絵を描かせることができる」「クラスの子どもの作品でコンクールを総なめにする」こんなことが言える境地に立ってみたかった。

　絵画指導をスタートさせた当時、それは、遥か彼方にかすかに見える峰だった。酒井式描画指導法のシナリオ追試で、子どもの絵は、丸変わりした。子どもの絵は、大きくなり、動きが出てきた。酒井式vs我流は、天地の開きがあった。「酒井式で絵画指導は万全！」と手放しで喜んだ。しかし、すぐに坂道に遭遇することになる。酒井式で描かせた作品を造形展に出品した。結果、全て落選。次の年も、次の年も、次の年も、次の年も…………。　かなりの手ごたえを感じた作品も、ことごとく撥ねられた。ある年、コンクール審査に立ち会った同僚から次の話を聞いた。「河田さんのクラスの作品、審査員の先生がクンクンクン『匂う』といって、審査の対象から外されていたわよ」酒井式で指導した作品は、はなから審査対象から除外されるのが常識だった。当時は、全国的な傾向だった。酒井式を推進している教師の中には、次のような言を発する人もいた。「酒井式だからコンクールで撥ねられました」なんと情けない、無礼な発言だ。絵画指導の道筋に光を照らし導いてくださった酒井先生の前で、これが言えるか。一生懸命絵を完成させた子どもの前で、言えるのか。「みんなの作品は、酒井式だから入賞できませんでした」と。こんな発言をする人の指導した絵を見た。酒井式だから落ちたのではない。その人の指導力が低いから落ちたのだ。酒井式のスキルをほんの少しかじっただけで、酒井式を極めたつもりにでもなっているのだろう。

　「酒井式でコンクールに入賞しました」こう言える境地に立ちたかった。

　それから十数年間、酒井式の指導スキルを身に付けるために指導を繰り返した。同時進行で、絵画指導のエキスパートに手ほどきを受けた。酒井式と他流派の指導パーツがいつの間にか体に染み込んだ。自覚はなかったが。

♣ 進化は突然訪れる ♣

　絵画指導試行錯誤の十数年間、コンクール入賞は、ほぼ皆無。

　そして、今から七年前の西日本読書感想画コンクール。出品した作品全てが入賞した。うち半数は、県審査に進出。そして、本選で優秀賞受賞の作品もあった。以来、出品作品入賞率は100％。もちろん、未だ道半ば。新卒の頃思い描いていた境地には程遠い指導力である。技を磨き、新たな指導法を求める修業は続く。

♣ 優れた指導パーツを共有化 ♣

　十数年間で培った指導パーツを追試した教師のクラスから、コンクール入賞作品が次々と出た。汎用性があることを実感している。本書は、コンクールに入賞する指導パーツを整理し紹介したものである。しかも、読書感想画に限定している。教室でためし、指導パーツの効果を確認していただきたい。そして、より効果のある指導にバージョンアップしていただきたい。優れた指導法は、先人から受けついだ指導法の更新の結果なのだから。

♣ 絵画指導は、道徳教育である ♣

　教師の判断基準は、「教師の腹の底からの実感」と「子どもの事実」である。
　わが師匠向山洋一氏から教えていただいた教師の道標である。
　どんな理論もきれいごとも、子どもの事実の前では吹き飛ぶ。教師の屁理屈や言い訳は、子どもが許さない。取り繕った教師の嘘やごまかしは、信用されない。子どもにとって、「できた」という事実と実感だけが、子どもの自己肯定感を引き上げる。子どもは、そんな教師を信用し信頼する。子どもの前では、権力も腕力も通用しない。「できるようにさせてくれる」教師だけに心からついていく。勉強をできるようにさせてくれない教師に子どもがついていくか？「大丈夫」と励ましてくれるが、何もできるようにさせてくれない教師の言うことをきこうと思うか？
　絵画指導は、子どもの自己肯定感を上げることができる。絵画の成功体験は、絶大である。子どもは、上手に絵を描かせてくれる先生が大好きである。そんな先生の指導は、何でも通用する。「先生の言うことだから、間違いない」となる。
　絵画指導で「子どもの絵を理解する」という言葉を聞いたことがある。
　「子どもがどのような思いで、この絵を描いたのか、その心情を考え理解し励ますのが造形教育です」
　立派な言葉である。子どもが隠すような作品を描かせておいて、理解も励ましもないだろう。失敗体験をした子どもの心情を想像するのは容易である。
　「はずかしい」「絵が下手だ」「絵なんかきらいだ」
　子どもは、いい作品を完成させれば、みんなに見せびらかす。心情など理解する必要はない。
　「いい作品ができた」「人生で最高の作品ができた」「ぼくは、絵がうまくなった」
　教師の想像など必要ない。子ども達は、自分の成功体験、自己肯定感をいくらでも口にする。絵画指導は、成功体験をドラマチックに演出する。
　絵画指導は、ポジティブな道徳教育なのである。

河田　孝文

もくじ

まえがき　2

Ⅰ　河田式読書感想画指導の極意

1　低学年—描画指導のスキル一覧　8
2　中学年—初めての挑戦—成功への指導ポイント　15
3　中学年—やんちゃ君が夢中になるまで　20
4　高学年—ひとりの子が入賞作品を描くまでの指導　25

Ⅱ　ライブで体感！河田式読書感想画ゼミナール

1　「読書感想画」—6つのマル秘ポイント　38
2　「読書感想画」色塗り指導ゼミナール　44
3　「下描き」で絵の成否が決まる！　49
4　通信で体感！酒井臣吾氏の鑑賞の授業追試　57

Ⅲ　読書感想画＝4月に教える"絵画指導の基本・人間の顔の描き方"

1　学級通信から探る！自画像指導5つのステップ　64
2　成功率99％　自画像の描かせ方　68
3　写真を撮る3つの技術　76
4　子どもが描きやすくなる　写真加工術　78

Ⅳ 本選びから色塗りまで 読書感想画基本スキル

1 絵が嫌い そんな子の本の選ばせ方 ……… 82
2 感想をギュッと整理する 下描き前のひと準備 ……… 86
3 成功率99.9％ 下描き編 ……… 90
4 成功率99.9％ 色塗り編 ……… 94
5 知っているだけで得！ ちょっとした指導の工夫 ……… 98

Ⅴ どの子も"やる気ＵＰ"作品"ほめ言葉" バラエティー酒井式ほめ方

1 読書感想画―違う言葉でほめる具体例 ……… 104
2 風景画―指導ポイント入り ほめ表現法 ……… 108
3 版画―構図の見事さをほめながら問題点指導 ……… 112

I
河田式読書感想画
指導の極意

1 低学年─描画指導のスキル一覧

下窪　理政

1 河田実践のスキルを抽出する

　河田実践の中で、低学年での読書感想画はない。そこで、河田実践の読書感想画のスキルを抽出することから始めた。河田孝文氏の著書・学級通信・セミナーで紹介されているスキルを一覧表にした。これに、酒井式図画描画法のスキルを加えた。

【酒井・河田式　描画指導スキル一覧】

【下描き編】
（1）描画の基本スキル

①描く順番を示せ。	②かたつむりの線で描く。	③水平・垂直に描かない。
④今から描くところを指でなぞる。	⑤中心になるものを一番に描く。	⑥同じものを描かない。
⑦同じ高さにしない。	⑧主役以外は小さく描く。	⑨重なりをつくる。
⑩木を立体的に描く。	⑪動いているものを円にする。	⑫下描きが円になっている。
⑬背景はどこの様子か分かるように描く。	⑭ぎっしりと描く。	⑮近景はできるだけ詳しく描く。
⑯遠景は小さく描く。	⑰大事な部分は例示をする。	⑱となり、となりと描き進める。
⑲描いている途中でほめよ。	⑳終点と始点を決めるとダイナミックになる。	㉑ゴールを例示して、構図をトレース。

（2）人物画スキル

①鼻から描かせる。	②小鼻を描かせる。	③子どもは触ったものしか描けない。
④肘や膝を曲げさせる。	⑤肉をつけさせる。	

（3）描画指導言・思想

①失敗しても振り返らない。	②制約を加える。	③同じ物を描くときに雑になる。

【彩色編】
（１）基本編

①高いところから低いところに色を塗る。	②丸いところは丸く塗る。	③トントンと叩くように色を塗る。
④描いた線を踏まないように塗る。	⑤同じ濃さで塗らない。	⑥色を限定して出させる。
⑦基本色（主調色）を決める。	⑧中心になるものから塗る。	

（２）応用編

①空は大胆に塗る。	②人物は細心で塗る。	③にじみの技術を教える。
④雲の形を残して、輪郭をぼかす。	⑤背景を最後に塗る。	⑥影をつくるには、色を濃くする。
⑦色は手前が濃く、遠くは薄く明るく。	⑧たらしこみを教える。	⑨画用紙をこすらせない。
⑩空は、くるくる回しながら塗る。		

　このスキルからその都度、１年生に指導をした。スキルの中から特に必要なスキルを選び、個別に指導を重ねた。

　さらに、河田孝文氏は、同じ職場の同僚からも学んでいる。私もこれを追試した。私自身も職場に美育協会に入っていたり、美術の免許を持っている同僚もいた。学ばない手はない。すぐに、作品を持って個別に指導をいただいた。学んだことを一覧にして、スキルを抽出した。

【下描き編】

①下描きのスタートになる部分を決めよ。	②輪郭から描かせない。部分の中心を決めよ。	③４年生は人と物がよい。（整備工場）
④草・土・木をむやみに描かせない。	⑤草・土・木を描く意味を考えさせよ。	⑥船は、見切れさせ、縄を描き、棒をたてよ。
⑦植物→動物→人工物の順で描く。	⑧部分を描いて、となりとなりと描かせる。	⑨１年生は、下描きを２回させよ。
⑩Ａ４で下描きして、徐々に用紙を大きくせよ。	⑪テストが終わってから、裏に絵を描かせよ。	⑫クロッキーをして、線の描き方を練習させよ。
⑬線でも色の濃淡を付けよ。		

【彩色編】

①外から、内に向かって色を塗る。	②空は、上が濃く、下が薄く。	③うろこみたいに塗りなさい。
④色をはがすと光が当たっているようになる。	⑤影は接しているところが濃く、だんだん薄く。	⑥筆使いにこだわる。
⑦線で内側は濃く、外側は薄く。	⑧中心人物から塗る。顔から部分へ。	

　1年生を初めて指導するには、基礎作業が必要だ。
　準備をして、指導に臨んだ。

2　読み聞かせて、本を選ばせる

　鹿児島県は、10月末に読書感想画コンクールがある。1年生は、子ども達だけで、本を選ばせるのは難しい。4月から毎朝読み聞かせをしていた。本は、読み聞かせした本や課題図書から選ばせるようにした。

> 1年生は、読み聞かせして、題材を選択させよ。

　読み聞かせも担任だけでなく、学校で保護者が結成した読み聞かせサークルにもお願いをした。学級の子ども達は、読み聞かせしたものや課題図書から自由に選ばせた。1年生なので、読み込んだ本を使うと、個別に指導する際に登場人物を書き込むことができる。1年生は、読み聞かせが大好きである。読み聞かせした数が子ども達の読書感想画への布石となる。

3　下描き①　中心人物を大きく描かせる。登場人物を全て描かせる

　課題図書の『アマンディーナ』を選択した。まずは、中心人物から描かせる。もちろん、大きく描かせる。酒井式描画指導法である。しかし、1年生は大きくと言ってもイメージがつかない。個別に下描きを1枚描かせて、中心人物をはっきり

Ⅰ　河田式読書感想画指導の極意

させた。
　赤鉛筆で、中心人物に〇をつけさせる。これで、中心人物が確定する。さらに、大きくが難しい。
　ここで、酒井・河田式描画指導法のスキルから、1つ指導をした。一時に一事の原則だ。何も描いていない画用紙をもう1枚渡して、どのくらいの大きさにするかを指で〇を描かせた。最初は、小さく〇をする。
　「もっと、もっと大きく。画用紙の半分くらいの大きさで。」
　すると、下描きは劇的に変化をする。中心人物にダイナミックさが出てくる。下描きが命運を分ける。中心人物で全てが決まってくるのだ。
　さらに、空白をつぶすことも大切なスキルだ。周りを登場人物や場面の様子を表す建物で埋める。1年生は、特に背景を作ると何を描いていいのかが分からない。空白を空白のままにして、絵の具やクレヨンで塗りつぶしてしまう。1つ1つを丁寧に描かせるためにもびっしり埋めつくす。

4 色塗り① 絵の具の使い方を教える

　１年生は、絵の具を２学期になり、初めて使用する。色の濃さやパレットの使い方も１つ１つを教える。特に、色の濃さは、イメージがしづらい。ジュースの濃さでと言っても、１年生が持ってくる色の濃さは多種多様。

　これを解消するには、まずは例示である。教師が例示して見せる。そして、個別評定をしながら、色の濃さのスキルを身に付けさせる。一度身に付けば、他の色でも同じような濃さにできる。子ども達も色の濃さには、びっくりしていた。「先生、こんなに薄くなの！」と声が多く上がった。

　安心するのは、まだ早い。

　教えたから大丈夫！　とは、１年生はならない。

　確認が大事だ。

　「色ができたら、先生に見せてね。ジュースみたいにするんだよ。」

　「先生がいいよっていうまでは、まだ塗ったらだめだよ。」

　机間指導をする。

　「そうそう、ジュースみたいだ。それでいいんだよ。」

　確認が、大事だ。

Ⅰ　河田式読書感想画指導の極意

5　色塗り②　主調色を決め、主調色のクレヨンでなぞらせる

　河田式読書感想画指導法の指導の中に、「主調色を混ぜて色を塗る。」というスキルがある。このスキルを1年生にも転用した。西日本読書感想画の入賞作品があったので、調べてみた。読書感想画の輪郭線は、主調色になっているのだ。

　1年生一人一人と話しながら、主調色を決めた。低学年の絵は、クレヨンと絵の具で彩色することで、絵が圧倒的に良くなる。クレヨンは、水彩絵の具をはじくので、中心人物も際立つ。次頁の絵は、自由図書で選んだ『おまえ　うまそうだな』である。

　この絵の場合、主調色は緑である。

　恐竜は黄色で塗っている。

　クレヨンのおかげで、恐竜の鱗も鮮明にでている。

　クレヨンは輪郭だけでなく、他の部分にも使える。

13

6　色塗り③　塗る順番を教える

　最後に、塗る順番を教える。

　①中心人物　②脇役　③背景

　１つずつ彩色をすることで、丁寧に色が塗られていく。上の写真の作品が西日本読書感想画展で最終審査に残り、佳作となった。
　１年生は、そのまま何も指導しなければ、１時間で絵を終わらせる。納得いくまで、熱中した子ども達の姿が見られたのも河田孝文氏の追試をしたからだ。低学年でも転用可能なスキル満載の指導法である。
　大事なことが、もう１つある。
　低学年は、集中力が続かない。
　高学年のように２時間続けて図工は、なかなか難しい。
　私は、なるべく２時間目と３時間目に図工を入れている。
　２時間目と３時間目の間に、中間休みがあるからだ。
　勤務校の場合、20分程度の休憩がある。
　集中力が続く範囲の時間にすることも大事なポイントである。

2　中学年─初めての挑戦
─成功への指導ポイント

吉谷　亮

1　クラスでやんちゃな男の子も入選

　ある保護者懇談会での一コマである。
　「先生、うちの子が初めて入選しました！　家族全員で展覧会に行きました。職場の同僚にも見せました。」
　とても嬉しそうにあるお母さんが語ってくださった。
　河田式読書感想画指導は、自分で絵が苦手だと思っている子、絵を描くのが大嫌いという子ほど効果が大きい。
　その子も、今まで絵を描くことに抵抗があった子である。
　以前は、最後まで描き切ることができなかったそうである。
　しかし、感想画を描き切って、入選したことでその子に大きな変化が起こったのである。
　たった1枚の賞状がその子を変えたのである。
　これ以後、その子は何事にも粘り強く取り組むようになった。
　自分はやればできるという自信を持つことによって、他の教科や活動でも素直に取り組めるようになったのである。
　よく絵の指導については、その子のもつ感性を大切にするため、できる限り教師は指導しない方が良いという指導観を聞くことがあるが、それではこのような事実は生まれなかったであろう。

2　下描き①

　下描きに入るにはまず本を選ばなくてはならない。
　ここは指定せずに子ども達の描きたい本を選ばせる。
　ただし、読書感想画とはどういったものかということはいつも説明しておく。
　時々、挿絵を丸写しすることが読書感想画だと勘違いしている子がいる。
　本の中で自分が感じた感動場面を絵に表すのが読書感想画だということを伝えて

おかなくてはならない。

そのために必要なのが、河田氏が提唱した「読書感想画学習カード」である。以下のことを記入する。

○一番感動したこと
○一番表現したいこと
　・絵にする場面
　・主人公の気持ち
　・顔の表情
　・体の動き
　・気持ちを表すあたりのようすや景色
　・中心にする色と理由

「感想画なのに、文で？」と疑問に思うかもしれないが、この部分が感想画の基本となってくる。

私の今までの読書感想画指導は、いきなり下描きを描かせはじめていた。

途中、子ども達が絵のアドバイスを求めてくる。

私は、子ども達に聞く。

私「どうして、この場面を描きたいと思ったの？」

子ども「……」

このようなシーンに遭遇することがたびたびあった。

だが、事前に子ども達がこのシートを埋めておくことができれば、アドバイスする側もアドバイスがしやすくなる。

また、最後にある中心にする色と理由が重要である。

河田氏は、「主張色」と表現している。

下描きの段階であるが、その物語の中で中心となる色を子ども達が意識しておくことで、その絵が「明るい」雰囲気の絵なのか、「悲しい」雰囲気の絵なのかを考

えながら描くことができる。

　下描きを指導するうえでの基本は、以下である。

---
①主人公を大きく描く。
②その他の登場人物や物は、主人公より小さく描く。
③目の動きが大切（どこを見ているかわかるように）。
④背景は、どこのお話なのかわかるものを描く。
⑤画用紙にぎっしり感があるように描く。

　今度は「続・読書感想画学習カード」が重要になってくる。

　要するにラフスケッチである。

　「読書感想画学習カード」に書いた内容を具体化していく作業である。

　ほとんどの子どもは、当然ながら完成形は見えていない。

　いきなり完成形に近いものを下描きとして描かせようとしても無理がある。

　まずは、描くべき「こと」と「物」「人物」などを確定させるのである。

　ここで何を描くのかが決まってから配置や構図を考えていけばよいのである。

　そこまでやってから、ラフスケッチを元にして実際に画用紙に描かせていくのである。

　また、ラフスケッチの下描きはそのまま拡大コピーをして人物を大きく描けない子の助けとしてあげてもよい。

3　下描き②

　いよいよ本格的な下描きである。

　ラフスケッチを元に描いていくことは上で述べたが、ここでは、上記の②〜⑤それぞれについて述べる。

まずは③の目の動きについてである。目の動きは、指導しないとほとんどの子どもが同じ正面を向いた目線となってしまう。

そのため、黒板に描きながら目の形を確認していく。

上向きの目や下向きの目など、黒板だけでなく、隣同士で実際に上や下を向いて目の形を確認していく。

やってみると分かるが、実際に隣同士で確認することで子どもは目の形が違うことに納得する。

この部分を意識するかしないかで作品の出来上がりが全く違ってくる。

目の形を意識することで、作品全体に動きができてくるのである。

動きといえば、②のその他の登場人物や物は、主人公よりも小さくすることがつながってくる。

なぜ、主人公以外は小さく描くのかというと、作品に奥行きを持たせるためである。どの人も物も同じ大きさで配置されていたら、遠近感が失われ平面的な絵になってしまう。

そのため、主人公を中心に大きく配置し、その他の人や物を小さくするのである。

④の背景については、子どもにとっては難しい部分がある。

子どもの描く感想画のイメージで、背景までの描写を描ける子は少ないように思う。

そのため、この部分は他の図書資料を参考にしてもよいことにしている。

これは、その他の登場人物や物についても同様にしている。

そのため、人物の動きや動物などは図書室に行って図鑑等の図書資料を調べる子も出てくる。

また、図書室で解決できない背景などは、家庭でWEBのイメージ検索などで探したり、教師がパソコンで調べてプリントアウトしてあげたりすることもある。

さらに、メインの場面を中心に描き、それ以外のサブの場面を周りに配置するという方法もある。

Ⅰ　河田式読書感想画指導の極意

メインの場面に至るまでの過程が分かるようにするイメージである。
マンガの吹き出しのようなイメージである。
そのようにしていくと、⑤のぎっしり感も自然と生まれてくる。
このように、子どもの描きたいものを①～⑤の原則に沿いながら指導していくのである。
ここまでは、鉛筆で描かせ、その後油性ペンでなぞらせて下描きが完成となる。

4　色塗り

いよいよ色塗りである。
色塗りで重要なのは、先ほども述べたが中心となる色である。
中心色に沿ってその他の色も決まっていく。
読書感想画は、本を読んでの感動を伝える絵である。
そのため、空は青、葉っぱは緑などの固定観念にとらわれる必要はないのである。
彩色は、その子のイメージによる世界観に沿ったものとなる。
例えば、激しい場面なら「赤」、悲しい場面なら「青」、楽しい場面は「黄」などと決めておく。
その後、色を塗るときには必ず中心となる色を混ぜるようにする。
青を基調とするなら、緑の葉っぱにも青を混ぜるようにする。

そうすると、作品に統一性が出てくるのである。
最後に子どもたちの作品は学級通信に全員分を紹介する。
うまいと感じる子だけではなく、全員分を紹介するということを教師が日頃から行うことで、子ども達と教師のお互いが、作品に責任を持つことができるようになるのである。
なお、色塗りで掲載されている作品の元となった書籍は、順に『虹色ほたる』『ヒロシマのうた』『かけがえのない友情』である。

3　中学年―やんちゃ君が夢中になるまで

平松　英史

　３年生、絵の具を初めて使い始めた子ども達に読書感想画を描かせた。
　読書感想画は、もちろん初めて、絵の具も初めての子ども達が、河田実践を追試することで、見違える絵を描いた。
　追試とそのポイントを示す。

追試１　「ゴール」を示す
　河田学級の作品をＡ３用紙にカラー印刷し、いくつか黒板に掲示した。
　子ども達の反応は、「えーっ！」だ。
　その「ぎっしり感」と「丁寧さ」に圧倒される。

ポイント１　ぎっしり感を伝えよ
　読書感想画は、まずは、隙間なく埋まっていることを確かめさせたい。
　描かれているものを聞いていく。
教師：「これ、何？」　子：「竜！」　教師：「うろこ１枚、１枚まで丁寧に描きます。」　子：「えー！」
教師：「これ、何？」　子：「おばあちゃん⁉」　教師：「しわ１本、１本まで丁寧に描きます。」　子：「えー！」
教師：「これ、何？」　子：「木！」　教師：「葉１枚、１枚まで丁寧に描きます。」
教師：「これ、何？」　子：「家！」　教師：「何個あるでしょう、数えてごらん。」　子：「31個。」
　子ども達とやり取りをしながら、確認させた。

Ⅰ　河田式読書感想画指導の極意

追試2　本の選定と読書感想画シートの記入

本は、図書室の本から選ばせた。

条件は、「物語」で、あること。図書室に中学年向けのおすすめの本が掲示してあったので、そこから2、3冊選んで紹介した。

今まで絵本や図鑑しか読んだことの無い子もたくさんいる。

実際に図書室に行って、こんなのを選んでくるんだよと説明した。

読書感想画シートは、河田学級と同じものを使った。

ポイント1　子どもとやり取りしながら「一番感動したこと」を書かせよ

一番感動したことを文章で表現させた。

ここが一番困った。

「感動したところ」という表現が子どもに難しい。

「楽しかったところ」、「面白かったところ」、「悲しかったところ」、「なるほど！　と思ったところ」など、言いかえて書かせていった。

ポイント2　絵にしたい場面は、動きのある場面を選ばせよ

「〇〇しているところ」のように、動きがある場面が良い。

そして、中心人物が必ず出ている場面を描かせる。

個別に子どもと話しながら描いていかせる。

追試3　下描き

下描きのチェックは、2回。

1回は、鉛筆。2回目は、ペン描きである。

ポイント1　丁寧さを伝えよ

丁寧さは、酒井式の「カタツムリの線」で伝わる。

カタツムリの線は、ゆっくりゆっくりと1本の線で描く。

21

実際に紙と油性ペンを用意して描いて見せた。
「カタツムリは、ゆっくりゆっくり進みます。」
「カタツムリは、ジャンプしません。」
速い線を描くと、線がかすれ、雑に見える。
たったこれだけのことだが、完成した際の絵が全然違う。

追試4　個別指導
　下描きを持ってきた段階で、子ども達に個別指導を行った。

ポイント1　細かいところも、一つひとつ描かせよ
　例えば、木の枝に茂っている木の葉。
　これも1枚1枚描かせる。
　床や瓦も1枚1枚描かせる。
　子ども達は、定規を使って長い線を引き、それを区切って瓦や床の板目にしたいようだが、それをさせない。

ポイント2　子どもとのやり取りで空きスペース描かせるものをイメージさせよ
　最初の下描きの段階では、殆どの子どもの絵はスカスカな状態である。
　そこで、子どもとのやり取りをしながら、絵の空いているところを埋めていく。

教師：「これ、何の場面？」
子ども：「森の中で、猫と再会する場面。」
教師：「他に何が出てくるの？」
子ども：「虫とかキノコ。」
教師：「他に仲間っているの？」
子ども：「猫がいる。」

Ⅰ 河田式読書感想画指導の極意

ポイント３　場面分割でスペースを埋めさせよ

　空いているスペースに、イメージしたものを描かせていく。

　そこは、主人公やその他のキャラクターが登場する「場面」でも良いが、物語に出てくる「小物」や「キャラクター」などでも良い。

　とにかく隙間を埋めていく。

ポイント４　遠近をつけさせよ

　河田氏は、「絵の中に空気の流れを作る」という。

　遠近をつけさせる。

　同じ木や葉でも、大きく描かせるもの、小さく描かせるものを作らせる。

　こうすることで、絵に立体感が出る。

ポイント５　グーグルの画像検索を使い、難易度を下げよ

　描かせるには、参考資料が必要だ。

　例えば、「ブルドーザー」。

　描けと言って、すぐに描くことができるだろうか。

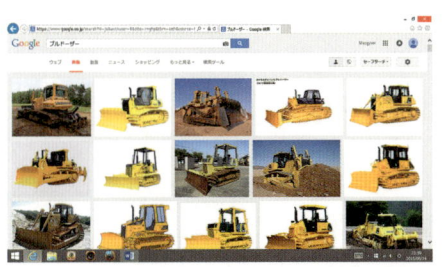

　大人でも難しい。

　そこで、子ども達に絵の中に入れたいものを箇条書きにさせた。

　そして、それをグーグルの画像検索を使い、小さくプリントアウトして渡した。

　参考資料があれば、子ども達の描く意欲も高くなる。

追試５　彩色指導

　彩色指導は、３分の１くらいの子どもが下描きを終えた段階で行った。

　実際に子どもの作品を使って、塗りながら指導を行った。

23

ポイント1　彩色のポイントを示せ

河田式感想画の彩色指導のポイントは、①点描、②重ね塗り、③とにかく薄く、紙の色が透けるくらいに（味のしないジュース）である。

以下のことを実際にやって見せた。

①パレットに絵の具を出し、水を加えて薄い色を作る。
②先のとがった彩色筆に、たっぷり色を含ませる。
③パレットで毛先を整える。
④絵の具用の雑巾かスポンジの上に筆先を持っていき、毛先の水分を拭き取る。
⑤筆を立てて、紙の上に色を置いていく。
⑥あらかた乾いたら、別の色を重ねていく。

ポイント2　下描きの線を踏ませない

どんなに細かいところでも下描きの線を踏ませない。
それぐらいの集中力が必要である。
例えば、床の板目。例えば、障子。
塗る途中で、面倒くさくなって、そのまま線を無視して塗ってしまう子がいる。
これも、1枚1枚丁寧に塗らせていく。

追試6　鑑賞

描き終わった子ども達に感想を書かせた。
絵＋作文。
作文用紙（絵日記）の上に、絵を貼ってあげるだけで、立派な鑑賞シートになる。

参考　子どもが選んだ書籍等

『ファーブル昆虫記』『リトル・ジーニー』『しあわせの王子』『バッテリー』『ぼくは野鳥のレンジャーだ』『ちいちゃんのかげおくり』『マジック・ツリーハウス』『ママになったネコの海ちゃん』『大どろぼうホッツェンプロッツ』『わかったさんのシュークリーム』『幸せな動物達』『スパイダーウィックの謎』『ペンギンおうえんだん』『ブンダバー』他

24

Ⅰ 河田式読書感想画指導の極意

4　高学年―ひとりの子が入賞作品を描くまでの指導

　　　　　　　　　　　　　　　　　　　　　　林　健広

1　クラス全員違う題材でも、指導はできる

　林学級（6年生）の作品である。

25

26

Ⅰ　河田式読書感想画指導の極意

Ⅰ　河田式読書感想画指導の極意

どの子も「小学生活で一番良い絵ができた。」と言っていた。
　また、出品した作品（クラスで10作品までという決まりがあった）は、すべて入賞した。
　河田式読書感想画では、クラス全員ばらばらの本で描かせる。
　ここでは、Aさんの作品について、どう指導したか書いていく。

2　本を選ぶ　9月になったらすぐにスタート！

　山口県は、10月末に読書感想画コンクールがある。9月になりすぐに、本を選ばせる。

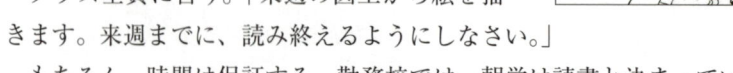

9月になりすぐに、がポイントだ。

　あわただしい日程では、落ち着いて絵を描かせることはできない。
　本は、課題図書・自由図書の2つがある。
　Aさんは、課題図書『禎子の千羽鶴』（佐々木雅弘著）を選んだ。原子爆弾によって主人公が命を落とす物語だ。
　クラス全員に言う。「来週の図工から絵を描きます。来週までに、読み終えるようにしなさい。」
　もちろん、時間は保証する。勤務校では、朝学は読書と決まっている。その時間で、読書感想画の本を読むように指示した。

3　下描き①　描く手順を教える！

　まずは、中心人物から描かせる。もちろん、大きく描かせる。話の中心だからだ。描く順番も教える。酒井式描画指導法である。

①顔
②手
③胴体
④うで

Ⅰ　河田式読書感想画指導の極意

　Ａさんが、質問してきた。
「先生、鶴を持ち上げた人物を描きたいのですが、どう描けばいいでしょうか？」
　２つの手立てをした。
　１つ目が、酒井式描画教材『わくわく絵のれん習ちょう』（正進社）を見せた。このテキストは、人間の様々な動きが練習できる。その年度は、まだ販売されておらず見本教材しかなかった。私が持っていた１冊を見せた。今なら、全児童分、注文する。読書感想画指導の前に、このテキストをさせる。
　２つ目は、インターネットで検索した。グーグルで「見上げる人」と検索した。ずらっと画像が出てくる。教師が、20〜30枚程度選ぶ。印刷する。
　Ａさんは、『わくわく絵のれん習ちょう』、そしてインターネットの画像を見ながら、顔を描いた。

> 大事なことは、手本がある、ということだ。

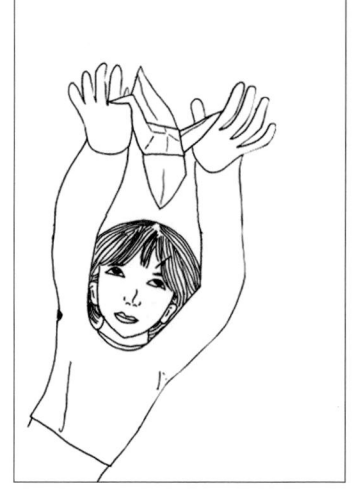

　人物を描いた後、Ａさんがまた来た。
「手に何かを持たせたいのです。」
「なるほど。この少女は、何をしたのかな？」
「千羽鶴を折りました。」
「では、折り鶴を描いたらどうかなぁ。」
　このようなやり取りをした。
　Ａさんは、折り鶴を描いてきた。
　中心人物は、これで完成だ。
　次に大事なことは、「場所はどこか」が分かるようにすることである。
　Ａさんは、ヒロシマの話だ。
　私が、インターネットでヒロシマと検索した。原爆ドームの写真、どろどろになった道具の写真、きのこ雲の写真、８時15分で止まった時計の写真を、印刷した。小学生なので、インパクトが強い写真は印刷しなかった。Ａさんは、８時15分で止まった時計の写真を選んだ。
　時計を描いてきた。これで、ヒロシマの絵だと分かる。

次は、脇役だ。

Aさんと問答する。

「折り鶴から光が出て、平和をイメージさせたいんです。」

「平和な世界ね。原子爆弾が落とされた場面は？」

「そこも入れたいです。」

「2つ入れたいのね？」

「はい。では、2つにしよう。では、場面の奥の方に、原子爆弾が落とされた世界を描こう。手前に、今の世界を描こう。」

| 作品を2つの世界が対比するようにした。 |

子どもだけでは、対比した世界を描くという構図はなかなか出てこない。

教師が、構図を知っておくことが大事だ。

4　下描き②　「ぎっしり」「遠近感」を教える

Aさんが、原爆が落とされた世界を描きたいと言う。

その晩、家でネットで検索する。

原子爆弾が落とされた後の建物、人などを印刷した。

小学生なので、インパクトが強い写真は渡さないようにした。

Aさんが、1人の女性を描く。

「もう1人描こう。この女性よりは小さく描こう。」

絵は、ぎっしり感が大事だ。

そして、遠近感が大事だ。それゆえ、もう1人描こう、そして小さく描こう、と指示した。

遠近感は、人物だけでなく、背景でも大事だ。

次頁左上のBさんの作品は、後ろの魔法使い、下の街並みで遠近感を出した。中心人物より小さく描くこと、中心人物と重なりを持たせることで、遠近感が出る。

Aさんは、途中まで同じ向きの人物を描き続けた。

見ると、単調な構図のような気がしてくる。

Ⅰ　河田式読書感想画指導の極意

「さかさまの人物も描いてごらんなさい。」
と指示した。

ポイントは、絵に動きをつくる。

人物を、バラバラに配置することも、動きをつくることになる。また、右のように、1つの方向に向かって人物などを並べることでも動きが出る。

どうしたら絵に動きが出てくるのか、そこを考えるのが教師の仕事だ。

Aさん、次は現代の世界を描く。

「拝んでいるような人物を描きたいのです。平和を祈っている人たちをたくさん描きたいのです。」

すぐにインターネットで検索する。

「拝んでいる人」ではあまり出てない。「拝む」で検索した。

これは、ずらっと出てきた。検索する言葉を変えるのも大事なことだ。

Aさんは印刷された写真を見ながら、描き進めた。

33

こうして下描きは完成した。

5　色塗り①　塗る手順を教える

塗る手順を教える。

```
①中心人物
②脇役
③背景
```

人物の塗り方は、4月の自画像の授業で教えている。
念のため、もう一度教えた。

```
肌の塗り方。
①黄土色　白たっぷり　赤　青。
②水をたっぷり入れる。ジュースのようにする。
③筆に色をつける。1回タオルに筆を置く。余分な水分を取るため。
④筆を立てる。トンっと置く。
```

クラスで一番色塗りが苦手な子の作品を使って、手本を見せた。
すると、その子のパレットには、肌色がすでにできている（今、教師が作ってから）。「同じように塗るんだよ。」と指示することもできた。
Aさんも、中心人物、過去の人物、現代の人物と描き進めた。

6　色塗り②　背景の塗り方を教える

背景を甘く見てはいけない。背景が作品の出来栄えを左右する。Aさんと問答する。
「原子爆弾が落とされた悲惨さを伝えたいのです。」
「なるほど。じゃ、暗い色がいいね。」
そこで、赤と紫で背景を塗っていった。現代の

場面の背景は、赤とピンクで塗って
いった。

> 背景は
> ①同じような色を２つ以上で塗る。
> ②場面の境では色を変えるとよい。

　赤と紫、黄と黄緑、青と緑、青と紫、黄と橙が、相性が良い。その絵のテーマ（喜怒哀楽のどれか）に合わせて、色を考えていく。また、背景は濃く塗らせてはいけない。一気に中心人物が目立たなくなる。

7　色塗り③　コンテで立体感を教える

　最後は、コンテ。陰になる部分を、塗らせていく。
　絵に立体感が出てくる。Ａさんの場合は、鶴から黄色の光が出るようにも塗らせた。
　「平和っていえば、何色をイメージする？」
　「黄色とか黄金とかです。」
　そこで、鶴は黄金。そこから黄色の光を出させた。コンテで少し色を濃くした。最後は、黒板に貼る。Ａさんと絵を眺める。「良い作品ができた。」とうれしそうだった。このような指導を、一人一人にしていった。ちなみに、Ｂさんの作品（右上）は、Ａさんと同じ本である。同じ本でも違う構図にできる。
　Ａさんは「平和な世界も書きたい。」と言っていた。
　だから、絵は戦争の場面・平和な場面の２つがある。
　Ｂさんは違う。
　「戦争の悲惨さを描きたい。」と言っていた。
　だから、ぼろぼろになった建物、傷ついた人々がたくさん描かれている。
　平和な場面は、Ｂさんの絵にはない。
　同じ本でも、子どもが描きたいことは違う。
　子どもが何を描きたいのかを、問答しながら進めていくことがポイントだ。
　そうでないと「先生に無理やり描かされた。」となってしまう。子どもが描きたい絵のイメージを強制するのではなく、膨らませていくのである。

読書感想画奮闘記①下描き編①

読書感想画の下描きをお届けします。
メイキン・オブ・読書感想画シリーズ第1弾です。
一人一人が、自分の心にインパクトのあった本を選びました。私が勧めて読み進めた子もいます。
全員、違う本からスタートしています。

II
ライブで体感!
河田式読書感想画
ゼミナール

1 「読書感想画」
―6つのマル秘ポイント

テープおこし　林　健広

マル秘ポイント①　「図書室に行きなさい。」

　大人でさえ、人魚とか、ね、猫でさえ、描けないですよね。描けない時どうするかっていうと、教えるのもとっても大事なんですけど、描き方を教えるのも大事ですけどそんな時間、1人1人全部絵が違いますから、できません。

> だから、私は「図書室に行ってきなさい。」っていうんです。

　「先生、この描き方分かりません。」「猫の描き方が分かりません。」って言ってきたら、「図書室へ行って、猫に関する本、全部持っておいで。」「あの……、今貸し出し中だから借りられません。」「黙って持っておいで。」。（会場笑）で、「後で返すんだね。」って言う。図書室へ行ったら、それに関する本っていうか、子ども達が持ってきて、それについて、絵を描いていきます。見ながらじゃないと描けないですよね。大人でさえ描けませんから。

マル秘ポイント②　遠近法で、空気を作る

　風景画で遠近法ってありますよね。近くの物は大きく、遠くの物は小さく描くっていう原則がありますけれど、これは、読書感想画でもいえます。さっき見ていただいたように、ただ、子ども達が描くパーツだけだと、平べったい絵になっちゃいます。奥行きを出したい。奥行きを出したいときには、例えば、間のところは、小さく小さく描いていきます。

> そうしたら、間に空気が生まれます。

　そういうふうにして、空いたところには、小さく描き込みなさいというふうに言っています。

Ⅱ　ライブで体感！　河田式読書感想画ゼミナール

マル秘ポイント③　空いた場面に他の場面をもってくる

　もう1つは、読書感想画っていうのは、1つの場面を描きがちですけど、スカスカになっちゃいます。
　ですから空いたところに、他の場面をもっておいでって言う。

> 他のもう1つ描きたい場面をもっていらっしゃい。
> 他の登場人物をもってきなさい。

　例えば、ま、これは、ちょっと言ったらダメですけど、……というふうに1つの場面だけじゃなくて、これ、「場面分割法」とかいう、用語があるらしいですけど、その、1つの場面に、2つ、3つと、場面をくっつけていくと、絵がぎっしり、ぎっしり感が出ます。
　これもですね、先生方、指導しながらじゃないと分からないと思うんですけど。やっぱ、ここで聞いてすぐにできるもんじゃありません。

マル秘ポイント④　酒井臣吾氏、そして同僚から学ぶ

　私は、あの、読書感想画で、賞状もらうまでに、20年かかりました。
　20年？　15年ぐらいかかりました。

39

ずっといい絵描かせたいなって思って。

> でも、20年ぐらい、失敗の連続です。

　その間に、酒井式をベースにして、他の先生に学んだことをくっつけていって、今のような、えっと、読書感想画、風景画みたいな描き方を、あの、身に付けました。それをですね、林先生は忠実に、そのまま追試して、どのぐらい忠実かっていうと、例えばですね、教室で私が3歩歩いた時、同じ位置でこう3歩歩いて、さっと振り向くような（会場笑）、そこまで忠実に、全部やるらしいですね、授業について。

　だから、絵の描き方も、私の学級通信に書いていることとか、サークルとかで言ったことをそのまま真似してる。他のサークルメンバーもですね。「へぇ～、すげ～」とか言って、メモしているんですけど、林先生ほど、忠実にやる人はいませんから、他のサークルメンバーは賞状もらってないです。

　うん、だから、そのまま追試するっていうのは、「サルマネ」って言われるかも知れませんけど、そこまでやらないと、やっぱ技術って身に付かないなっていうふうに思います。

マル秘ポイント⑤　構成　びっしり埋め込む

　それで、もう1つですけど、今度は、構成について、ちょっと見ていただきましょう。

　このお話はですね、ある男の子2人が、自分の街をこう探検している時に、迷子になっちゃうんですよね。迷子を猫が出てきて助けてくれます。その、助けてもらう間に、ある家の前を通った時、やっぱ空中に浮かんだ女の子に出会います。この女の子が幽霊なんですけど、で、その幽霊とか猫に導かれながら、自分たちがその迷った所から抜け出していくって話なんですけど、子どもがね、こんな絵をもってきました。

　これにね、背景を付けなくちゃいけません。何付けますか？　近所で言ってください。

　何付けます？

Ⅱ　ライブで体感！　河田式読書感想画ゼミナール

　はい。「幽霊です。」あ、幽霊ね。
　はい。「家です。」家、はい、他に。
　「家だと思います。」
　「猫と幽霊。」
　今、出たものを全部入れます。で、猫が1頭しか出てきてません。この猫の描き方が分からないって言ったから、図書室行ってらっしゃいって言って、猫に関する本もたくさんもってきて、そして、え、描かせました。
　あと何描かせますっけ？
　「ううん……犬？」犬、犬はね、出てこないんですよ（笑）。はい。
　「幽霊。」幽霊ね。はい、どうぞ。幽霊描きました。
　幽霊、ある家の前に出ていますから、その家も描きました。
　（会場：絵の上手さにため息）
　家ですね。門です。で、あと、もう登場人物、あんまいないんですよ。
　どうしますか？　空いたところ。何入れます？……ん？「火の玉！」火の玉ね、なるほど。

　こういう時、ちょっと考えるんですよ。
　何入れようかって思って、何入れます？

　「別の場面……」
　そう！　別の場面の猫をもう1ぴき描きなさいって。
　同じ猫なんですけど、別の場面で、出てくる猫。はい……でました。
　（会場ため息）
　これでも、スカスカですから……あと、何入れます？
　「最後の人物……」もう1ぴき猫描かしたんですよ。はい、ここにね。（会場笑）猫描きなさいって。

41

さあ、これで、大体埋まりましたけど。

> でも、まだ僕から見たら、スカスカなんですよ。

（会場：えぇ!?）
　スカスカ……。このまま塗ったらね、全然面白くない感想画になります。

マル秘ポイント⑥　背景で絵の成否が決まる

　背景がない……、子どもよくやりがちですよね、あの、背景何か1色でザッと塗って終わりっていうの。
　それで、「ああ……」ってなっちゃいますけど。
　ここに、全部描きこませます。
　これは、舞台はどこでしたっけ。
　「街」だから、街を描かせますけど、街って言ったら、家並みがたくさんありますね。
　家なんか、子ども描けませんよ。大人でさえ描けませんから。どうしますか？
　「人を描きます。」ちがう。家を描かせる。
　「図書室に行かせる。」図書室に行かせたんですけど、家の絵がなかったんですよ。
　だから、ネットで調べました。あの、「家並み」っていうので検索したら、画像がたくさん出てきたんですよ。はい、お願いします。はい、きれいな家が……はい、はい……。こう、サイトで調べたら、これだけズラーッと。これだけ、20枚ぐらいプリントアウトして、本人に渡して、これ描きなさいって言ったんです。（会場ため息）
　普通は横にやるでしょ？……でもそれは面白くないから。はい、お願いします。
　……というようにね。（会場ため息）こうまあるくして、町並みをこう奥行き出して、あの中に、地球の中にやったみたいにして。
　そしてね、色を塗ると、こんな感じになる。
　でも、これコンクールにね、出せなかったんですよ。なぜかというと、出したいのが、あの、限界が8枚までなんですけど。これ9枚目だったん

ですよね。(会場「えぇ!?」)

　だから、出せずに、ポカンとなってしまいました。

　今の描き方って言うのやりはじめて、コンクールの入選率100％です。もう、落ちたことありません。

　この6年ぐらい。

　出したら、全部、入選か、特選で、県に行ったり、一番いいのはですね。西日本で、最優秀もらって、こんなでっかい額縁に絵なんか、絵が入ってね、そんなのもらうようになりましたけど。

　まあ、これ、15年ぐらいかかりますね、ここまで行くのに。で、林先生は、ま、3カ月ぐらいで、手に入れたってことだから。マネすると、結構ね、いいものが手に入ると思います。

※2013年8月17日、東京都内で開催された「第1回河田孝文ゼミナール」の講座内容をテープお越ししたものである。

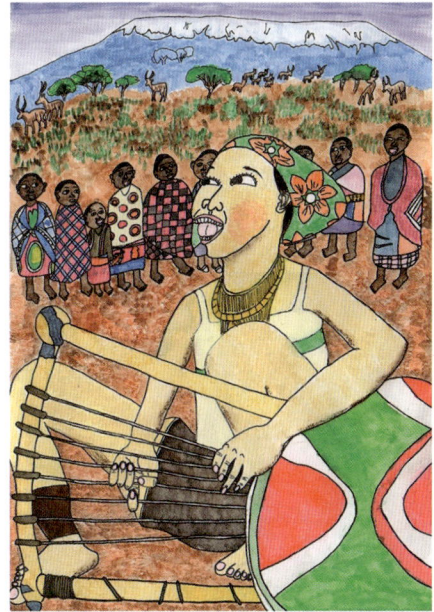

2 「読書感想画」色塗り指導ゼミナール

信藤　明秀

■マル秘ポイント①　図工室というマネジメント
　絵を教えるときは、教室ではやりません。なぜかというと、ワークスペースが教室の机だったら、四つ切り画用紙でいっぱいになるじゃないですか。これはマネジメントの問題なんですけど、床に筆洗、画用紙の上にパレットというのは落ち着かないんですよ。だから、でっかいゆったりした気持ちでやるために、図工室のでっかい机の上に筆洗置いて、机の上にパレット置いて塗るという感じでやっています。マネジメントは結構大事だと思いますね。

> だから、図工室でやったら1クラス分ですからゆったりできますね。

　何よりいいのは、給食の時間になったらそのまま置いていけるんです。だいたい図工室で絵を描かせる人はあまりいませんから。そういうマネジメントの部分も絵を描く上でとても大事だということです。

■マル秘ポイント②　肌の色を作る白と黄土色、赤、黄色、青
　子どもにいい絵を描かせたいという気持ちでやっていますので、よかったらとりいれてください。
　白と黄土色でできるんですよ。これに赤です。まだ必要な色がありますよ。何色だと思いますか。これ、黄色ですね。黄色もレモン色と山吹色がありますね。「レモン色？　山吹色？」（参加者に尋ねる）これ、山吹色ですね。それからもう1つが青。意外でしょ。これで基本となる色を作ります。

■マル秘ポイント③　筆はナイロン
　筆ですね。いい筆ってこんなふうに毛先が柔らかいんですけど、僕は、

> Ⅱ ライブで体感！ 河田式読書感想画ゼミナール

> この一番安っぽいナイロンの筆が一番やりやすいんです。

■マル秘ポイント④　余分な色を落とす、⑤　中心人物から塗る、⑥　筆を立てる、⑦　ティッシュでとる、⑧　色を重ね凹凸をつける

　絵の具付けたら、ここでワンクッションおいて（絵の具のついた筆を、絵の具用タオルに付けて余分な絵の具を落とす）、どうするかっていうと。

> この中心人物から塗るんです。筆立ててこうやって。

　これで一段階終わりなんですよ。
　次に何しますか。（参加者「ほっぺたに赤みを」）そうですね。今度は、これが乾いた状態で。ティッシュありますか？　これ、子どもにあんまりやらせすぎると、絵が薄くなっちゃうんです。あんまりやらせない方がいいんですけど。これで軽くとってね。まだらになっているじゃないですか。

> このまだらがいいんです。

　間にね、乾いた状態で、もう1回この間（白いところ）に、乾いた状態で、（さらに色を置く）。最初に塗って、白いところが残っている。乾いたらもう1回同系色の色で、ピッピッピってやると、ちょっと立体感が出る。さらにあとでもう1回違う色をちょっとだけ、黄色を混ぜた色とかを入れていくと、

> 凹凸が出てきます。

　次に赤みのある肌色を。ここ（タオルの上）で必ずワンクッションおいた方がいいです。余分な水分がとれますので。（実演）というような感じでやっていきます。（さらに、「腕」の部分を肌色で着色）ここでさらに肌色にちょっと青を加える。そう、陰をつけます。凹凸つけていくんです。

■マル秘ポイント⑨　髪の毛を１本１本描くように筆を動かす
　髪の毛の着色です。こげ茶色を、この線に沿って。（スッスッと筆を動かす実演。）乾いたら、黒を。黒は失敗したら修正できないんです。

> だから黒は最後。黒を塗らせるとき一番緊張しますね。

　（黒をこげ茶色の上に重ねていく実演。筆はスッスッと動かす。）あったら、もうちょっとこげ茶を入れますかね。

■マル秘ポイント⑩　髪の毛お手軽バージョン
　失敗が少ないのはこっち。下手な子どもは、こっちの方がいいですよ。黒に水をいっぱい混ぜて、バサッと。（大胆に薄く塗る。）下の髪の毛の色をもうちょっと濃く（マジックで）書かせておいて、あとはバサッと。気をつけないといけないのは、これだとヘルメット状態になっていますから。（生え際の処理をする実演。）これでも十分髪の毛でしょ。

> 水をいっぱい混ぜた黒だったら、マジックの線が出ますから。

　これでもうおかしくない。お手軽バージョン。

■マル秘ポイント⑪　唇は肌色に赤
　肌色に赤を混ぜて。筆立てて、口紅塗るみたいに。

■マル秘ポイント⑫　目はマジック
　目はね、マジックで塗ることが多いんですよ。筆でこうやって塗るときもあるけど。はみ出るときがあるから、マジックで塗った方が成功するときもある。

> マジックはお手軽。

Ⅱ　ライブで体感！　河田式読書感想画ゼミナール

■マル秘ポイント⑬　同系色を重ねる

　次。服とかも、基本、服とかも今の塗り方でいくんですけど。服やってみましょう。子どもに色塗れって言ったら、例えば赤いＴシャツとか青いＴシャツとかになるじゃないですか。どんな色で塗るかっていうと、全部思いつきです。その場の思いつきでやります。例えば、緑系統でやりましょう。例えば黄緑色で、塗り方はいっしょです。（点々塗りで筆を動かす。）

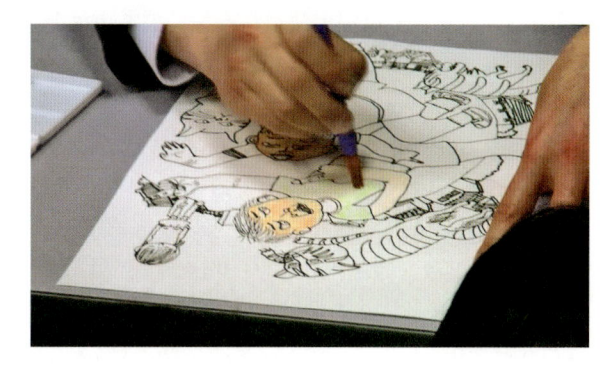

　基本、点々塗りは失敗が少ないですね。乾いて、普通これで終わるんですけど。次は緑で、こうやって入れてやる。

　（黄緑のＴシャツの上に緑色を重ねていく。）全然感じが違ってくるでしょ。これちょっと薄いですけど。さらに、これが終わった後、もうちょっと黄色。

> 入れるときは同系色がいいですよね。黄緑、緑、黄色とか。

　（さらに黄色を重ねる。）これ、適当ですよ。こんな感じでやっていくと、違うでしょ、色。よく子どもがやるのはこう……。（別の部分を筆を滑らせるように動かす。）どっちがいいですか。なんかこっちの方が凹凸があって深みがありますよね。

　でも、こうやってペンキ塗りした子でも、さっきみたいに水を含ませてこうやって押さえてやると（ティッシュで押さえる実演。）、陰、凹凸が出てくるんですよね。基本は、僕、女性じゃないから分からないんですけど、ファンデーション？

> ベース作って、ちょっと濃いものをのせていくっていう感じ。

　最初薄い色を置いていって、空いた白いところにちょっと濃い色をのせていくって、さらに最後の修正は、黄色とか２色ぐらい加えていくってような感じで塗らせていく。

　ティッシュは１回教えておくと、子どもはね、絶対使います。うちの学級、ティッシュの消費量多いんですよ。１つ子どもに言っておかないといけないのは、例えばね、こうやって塗るじゃないですか。ティッシュの使い方を教えたら、子ど

47

もって押さえるんですよ。（ティッシュで着色部分をドンと押さえる実演。）「（参加者）あああ……。」色が全部とれるんですよ。だからそこは気をつけないといけない。

> こっち（タオル）でワンクッションおいて、ティッシュでとらないでもいいような状態でムラを残して、上からポンポンって軽く押さえる。

これ（ドンって押さえる）やっちゃうと、すごい薄い絵になっちゃうんですよ。僕の追試している先生の学級の絵、すごく塗り方上手なんですけど、ティッシュで色とっちゃうからすごく透明な絵になっちゃうんですよ。

※ 2015年2月21日、愛媛県松山市で開催された「河田道場3rd」の講座内容をテープ起こししたものである。

2015年8月。河田氏は愛知県で、子ども相手に色塗り指導をした。その時も、河田氏は子どもたちを前に集め、塗り方を教えた。子どもたちを前に集める際、河田氏は次の指示をした。
「小さな子が前に来てくださいね。」
「大きいお兄ちゃん、お姉ちゃんは、後ろね。」
幼稚園の子どもから、小学6年生まで30人いた。30人が前に集まれば、混雑する。河田氏は、小さな子は前という指示でどの子も塗り方が見えるようにした。教室でも同じことがある。30人一斉に見せることはできない。
「男子いらっしゃい。」「女子いらっしゃい。」「1号車いらっしゃい。」
このような混雑させない指示が必要である。

Ⅱ　ライブで体感！　河田式読書感想画ゼミナール

3　「下描き」で絵の成否が決まる！

林　健広

　描画指導。読書感想画とそれから、風景画とかあるんですけど、今日は読書感想画に絞ってやりますが、今日は私の分身の林先生が、最初の10分間位やってもらいますので。はい、どうぞ。

＜林先生＞
　河田先生の読書感想画指導法を追試すると、必ず成功します。
　これ、河田学級の絵ですね。次、どんどんいってください。

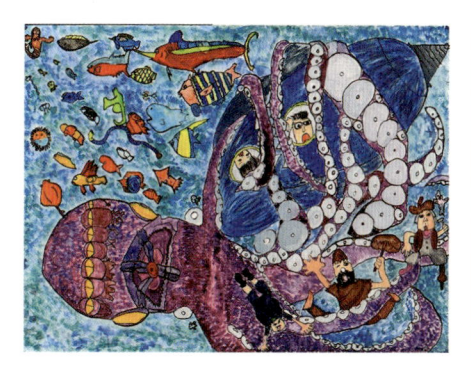

後で感想を言っていただきますので。
先生、感想お願いします。
（すごく生き生きしています。）
（色とりどりですごいです。）
酒井臣吾先生が、河田学級の絵を見られて、明るいとおっしゃいました。
底抜けに明るいって、河田学級の絵は底抜けに明るいと。
指導法のステップを紹介します。
全部で5つあります。
　1つ目、読書感想画学習カード。
　2つ目、下描き1。
　3つ目、下描き2。

４つ目、色塗り。
最後が、コンテです。
今回は、１、２、３だけ紹介します。

> 河田先生は、最初ですね、「読書感想画学習カード」っていうのを書かせます。

本の題名。
「一番感動したこと」というのを書かせます。
どうして、「一番感動したこと」をわざわざカードに書かせるのでしょうか？
河田先生は通信にこう書かれています。
「読書感想画とは、本を読んで、どんなことを感じたか、どんなことに感動したかを聞いた、読者の心の動きや感情の動きを中心に表現したものです。だから、物語の場面を、ただ画用紙に描くのではありません。」
カードに「感動したことは、これだ！」と明確に示すのです。
中心にする色をカードに書かせます。中心にする色です。
この色はとても大切です。
感想画全体の雰囲気を伝える色だからです。
どの部分の彩色にも、全て中心になる色をのせます。全てです。
例えば、楽しいお話、先生何色を混ぜます？
（赤です。）黄色。
悲しいお話。
（青。）青ですね。
優しいお話。
（オレンジ。）桃や橙。
こういうの少しずつ、もしくは、たくさん、場面によっては違いますが、多く入れたり、少なく入れたりするわけですね。
絵にする場面ってのを書きますね。
この子は桃山さんが、人魚のしっぽをつくる、海で。桃山さんはクリーニング屋なんですよ。汚れた川から、海から、人魚がやってきて、人魚のしっぽをクリーニングしている。で、自分が着るわけですね。

> それを学習カード、Ａ４の紙に１回描かせるわけです。

で、先生方。桃山さん、人魚の子、しっぽ付けた男の子の絵を描いてみてくださ

Ⅱ ライブで体感！ 河田式読書感想画ゼミナール

い。
　日頃、図工でおっしゃるでしょ？
　人魚の絵とか何か描かせるでしょ？
　描いてみてください。ノートに。
　ちなみに、桃山さんは男の子ですって。……男の子ですって。
　もう10秒したら、お隣同士見せ合って、どっちが上手か、どっちがいい絵に見えるか、やってもらいますからね。
　人魚です！　はい、じゃあ、見せ合ってください。
　人魚に見えますか？　友達の絵は。
　はいじゃ、訊いてみましょうね。
　人魚描くの簡単に描けたよっていう人。手を挙げてください。難しかったという人、手を挙げてください。はい、手を降ろしてください。（多数手を挙げる。）
　これね、大人でさえそうなんです。
　子どもはもっと難しいです。
　河田先生、こう通信に書かれています。
　「子ども達は、なかなか頭の中のイメージを紙の上に表現できません。私達大人だってそうです。」
　子ども達の表現をサポートするために、さて、河田先生は何をされたんでしょうか？
　隣近所で相談してください。
　はい、先生。
　（写真や実物を見せる。）
　写真や実物？
　人魚の実物があるんですかね？（会場笑）
　写真を採られた方？（挙手確認）
　それ以外。
　はい、先生。
　（絵本。）
　図書室へ何度も通わせました。
　河田先生、さっき写真と先生がおっしゃいましたけど、バオバオの木っていうアフリカの木の物語では、実際にグーグルのイメージ検索で、バオバオの木をズラーッと、印刷して、提示してます。
　で、画用紙に移ります。
　河田先生、こう書かれています。通信に。

51

「もちろん、途中で、私が、いろいろと注文した部分もありますが、」

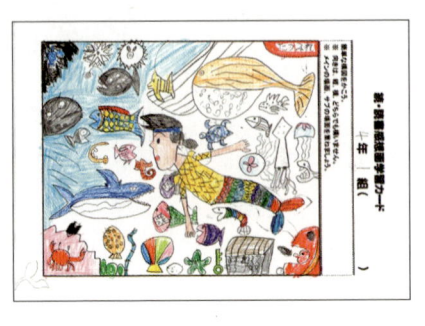

2つを比較して、どんな注文をしたんでしょうか？　隣近所で相談してください。
先生、お願いします。
（魚の向き。）
魚の向き。はい。
（顔は全部。）
顔は全部。はい。
（ええと、主人公が一番大きく。）
大きくなる。はい。
まず、違うのは、「顔の向き」ですよね。
これも河田先生の別の学年の時の作品ですが、こう、顔が変わっています。
「下描きの原則１」です。

「動きのある構図にせよ。」

河田先生はこれを、「空気を動かせ。」とおっしゃっています。
「空気を動かせ。」
読書感想画の絵を見たときに、止まっている写真じゃなくて、動いているかのような絵にしなさいっておっしゃっています。
他にもう１個ね、河田先生は、人魚でこう、指導されていることがあるんですよ。
これだよって方？　はい、先生。
（鱗の１つ１つが……）
それもありますね。もう１つありますね。
作品の出来栄えを左右するパーツと言えばこれなんですが、何でしょう⁉

（目。）

そう、目なんです。

「何も教えなければ、子ども達は、人形のような目を描きます。」

「目は命、という名言を昨年教えていただきました。」

河田先生は、読書感想画の前に、このように目の描き方を教えます。

後で、（周りの実物資料の絵を）ご覧になってほしいんですけれど、ここ、黒目の中に、ちょっと白目がですね、これだけでも、動きが変わります。

下描きの原則2です。

「目の描き方を教えておく。」

で、下描きができました。

これを四つ切り画用紙に写します。

先生、まず何から描けって言いますか？子どもに。

「先生何から描けばいいの？」

はい、先生。

（一番描きたいもの、中心人物。）

これ、中心人物からです。

河田先生、なんで中心人物から描かせるかっていうと、「一番大事な人物で、集中力があるから」って通信に書かれています。

で、ゾウ書きました。

おっきいゾウ。

次、何を書きます？

（隣の木を描きます？）

対役ですね。対役です。

次、何描きますか？

（風景？）

もう1つの人物を描くわけです。

そして、木を描きました。

これで大体描き終わったわけです。はい、これでできましたにしますか？　できませんにしますか？

先生、下描きもう大体描いたよ

もう、これでOKだっていう人？

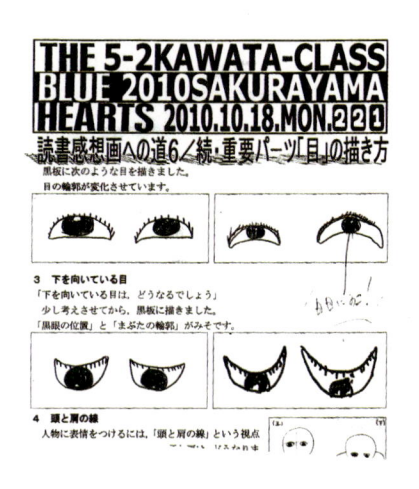

まだ、ダメだっていう人？
はい、先生お願いします。
（空いているところがある。）
空いているところがある、そう思われた方？　はい、そうなんですね。
河田先生もそうです。
河田先生はこのようにされました。（画面を見せると歓声が上がる。）
びっしり埋めること、遠近法なんですね。
段々段々、木がこう向こうに行くと小さくなるってことなんです。
色を塗るとこうなるんです。
河田先生の言葉です。
「下描きに臨んで、子供たちに注文の中心は次のようなことでした。」
「ぎっしり描きこみなさい。」
「近くの物は大きく、背景は小さく描きなさい。」
原則3。

「近くの物は大きく、背景は小さく。」

そして、最後、原則の4。

「ぎっしり描き込むです。」

もう1回おさらいしますね。

1．動きのある構図にせよ。
2．目の描き方。
3．近くの物は大きく、背景は小さく。
4．そして、最後はぎっしり描くです。

Ⅱ ライブで体感！ 河田式読書感想画ゼミナール

ちょっと、演習をしましょう。
このまま、これもってきました。
画用紙に移すとき、どう指導されますか？
今の原則４つを生かして。
はい、相談してください。
先生、大きな声で。
（顔、こっちに向ける。）
（動きのある絵にしなさい。）
はい、そうやる方？
他にある方？
（はい、くじらの向きを同じにしなさい。）
同じにしたい。
河田先生の指導で、次の絵になりました。

ちょっとした差なんですけど、魚の群れが変化しています。

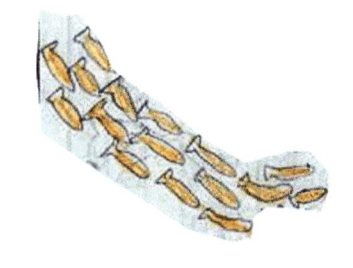

55

小魚が、他の魚と同じ流れになっています。
でも、下描きは、逆の流れなんですね。
これはやっぱり「空気を動かす」ってことです。
まぁ、海だから空気じゃないんですけど、まぁ、「空気を動かす」ってことでね。
段々小さくする。背景にまでこうこだわって、細部にこだわって。子どもの事実を生んでいくってことです。
では、以上で終わります。

※本原稿はセミナーでの講座のテープおこしである。

　ぎっしり感は、他の題材でも通じる。風景画も、ぎっしり感が大事となる。河田学級の風景画。読書感想画と同じく、ぎっしりしている。

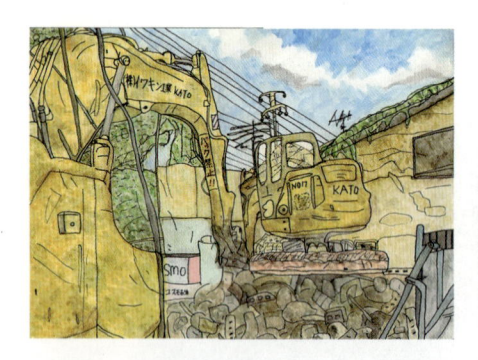

4　通信で体感！酒井臣吾氏の鑑賞の授業追試

河田　孝文

図工で鑑賞の授業をした。
音楽の鑑賞と趣が若干、いや、かなり違う。
今回は、鑑賞文ではない。
ん〜、あえて言えば、鑑賞画だろうか。

> 名画模写する。

である。
「一番の美術鑑賞は、模写である。」と教えていただいたことがある。
名画の模写をやってみた。
作品、"鳥獣人物戯画"。
実物は、全長十数メートルある。
その中の一部を切り取って提示した。

①カエル・ウサギを模写する

カエルとウサギと画用紙を配り、油性ペンで写させた。

> カエル（ウサギ）君を、そっくりそのまま画用紙に写しなさい。

油性ペンで一発勝負である。
「自信のない人、慎重な人は、お手本を赤鉛筆でなぞってから写しなさい。ただし、写すときは、油性ペンで一発勝負です。」
教室にピンとした空気が張り詰めた。
ただなぞるだけ、写すだけの行為に子ども達はすごく集中する。
不思議なことに、まったく同じお手本を写しているのに、出来栄えはみんな違う。

それぞれの子の持ち味が模写からにじみ出ている。

②カエル・ウサギをレイアウトする

　模写したカエル君とウサギ君をはさみで切り取らせた。
　切り取りという作業も、模写同様子ども達を集中させる。
　5～10分間、教室はシーンとした。
　その間、私は特大のカエル君とウサギ君を切り抜いた。
　ほとんどの子が、切り終えたところで、黒板に特大カエル君・ウサギ君を貼った。
　「カエルとウサギは、何をしているように見える？」
　「けんか！」「ダンス！」と子ども達。
　「じゃ、こうすると？」
　ドッカーンと沸きました。
　「キック！」「けんか！」
　「じゃ、これは？」
　またまた沸きました。
　「投げられている。」
　「じゃ、こうすると？」
　「みんなも、おもしろい場面を作ってごらんなさい。」
　「まだのりはつけません。」
　子どもたちは、ワイワイガヤガヤやりながら、カエルとウサギの物語を作っていった。

③鳥獣人物戯画を紹介する

　さまざま並べた後、次のように言った。
　「みんなが切り取ったカエルとウサギは何だと思いますか？」
　「水墨画！」
　即答だった。
　歴史の学習が生きている。
　「そう水墨画です。作者は？」
　「雪舟！」
　これも即答だった。
　歴史の学習の鮮度が落ちていない。

でも、「残念。これは"鳥獣人物戯画"といいます。誰が描いたかは、調べなさい。」
"鳥獣人物戯画"のプリントを配った。
「みんなが写して切り取ったカエルとウサギは、どこにいますか？」
みんな目を凝らして探している。
「あった！」
数人が手を挙げた。
「ここです。」「そうだな。」

これは、日本最古……おそらく世界最古の漫画です。
みんなも、鳥獣人物戯画のような楽しい場面を作ってごらんなさい。

「カエルとウサギの位置が決まったら、のりづけしなさい。周りにあるものをペンで付け加えて楽しい漫画を作ってごらんなさい。」
みんな漫画づくりに夢中になった。

※以上は、河田孝文氏の学級通信からである。

　鳥獣戯画の実践は、どの学年でも可能である。
　サークル仲間の林健広氏。
　学童クラブで、小学１年生から６年生まで30名に実践した。
　どの子も熱中していたという。
　もっとしたい、と言っていたという。
　子どもたちの発想は、教師の想像を大きく超えている。
　スイカ割りをしているカエルとウサギ。
　プールで遊んでいるカエルとウサギ。
　闘牛士になったウサギと、牛のように暴れるカエル。
　サッカー日本代表のユニフォームを着るカエルとウサギ。
　みんな同じ素材（カエルとウサギ）なのに、どの作品も個性いっぱいの絵であった。
　鳥獣戯画が持つ力である。日本を代表する優れた絵は、力がある。
　名画を模写する、鑑賞。
　鑑賞指導は、絵を見て作文を書くだけではない。
　子どもたちは、模写が大好きだ。
　鑑賞指導に、模写を入れていくとよい。

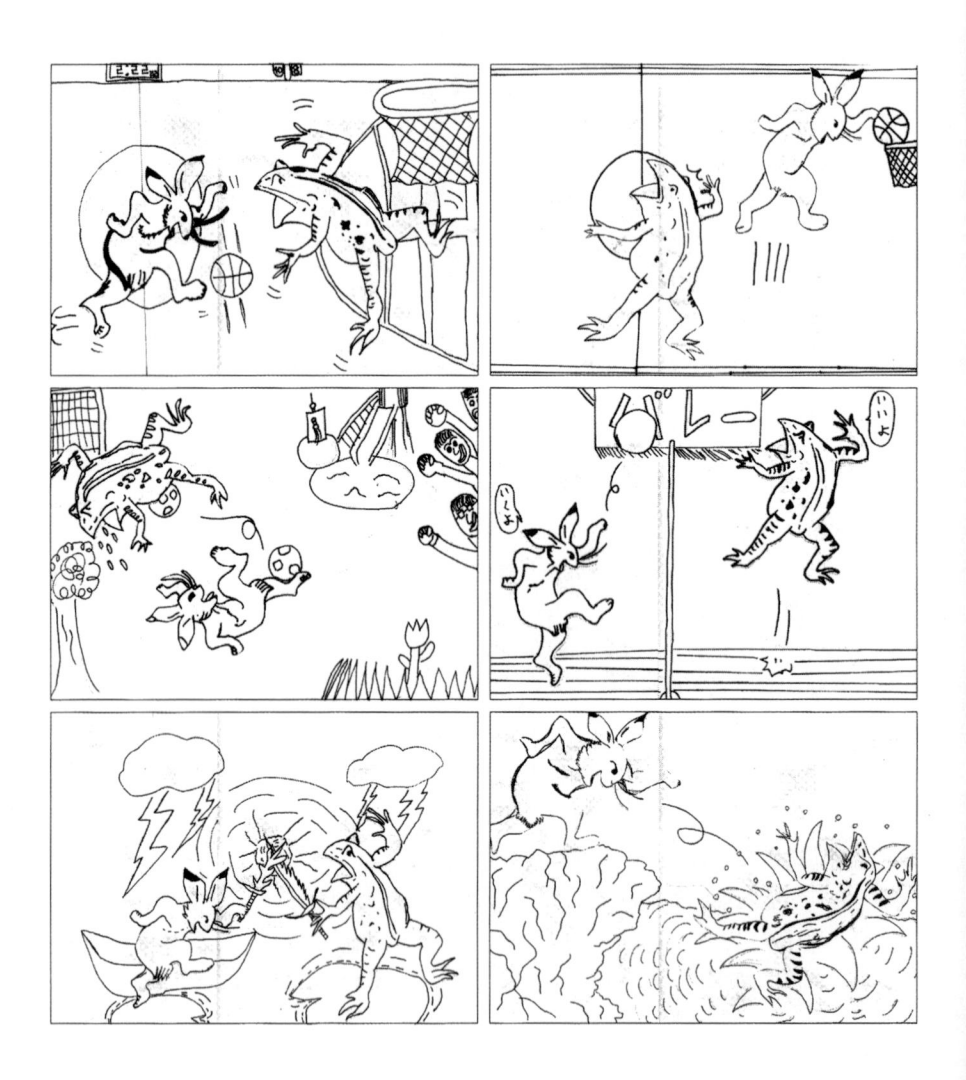
バレー
いくよ
いいよ

Ⅱ ライブで体感！ 河田式読書感想画ゼミナール

62

III

読書感想画＝4月に教える "絵画指導の基本・人間の顔の描き方"

1　学級通信から探る！自画像指導５つのステップ

河田　孝文

　河田氏は、毎年、学級通信に子ども達の自画像を紹介している。保護者は、４月に驚愕する。わが子の絵が激変するからだ。河田氏は、その通信の中で、５つのステップを保護者に紹介している。

　以下、河田学級の通信の文章である。

①連写

自画像完成までの道のりを詳しく紹介します。
題して、Making of 自画像！
シリーズで。
まずは、写真撮影から。
始業式の日、個人写真を撮影しました。
自画像の絵は、たいがい無表情が多くなります。
私は、笑顔の自画像を心がけています。
しかし、その笑顔、なかなか撮れません。
始業式のあわただしい中での撮影ですから、時間も十分取れません。
短時間で、ベストショットを得るには、工夫が必要です。
私は、次のことを苦心しています。
①　演出　「笑わせる」ためのしかけ
②　連写　「数うちゃ当たる」的発想で
数年前までは、私が、カメラ片手に被写体（子ども）を笑わせていました。
それでも笑わないつわものがいます。
そういう子への自力は諦めました。
近頃は、他力を使っています。
カメラマン河田の後ろ（まわり）に、子ども達を配します。
まわりの子は、「笑わせ隊」です。

Ⅲ　読書感想画＝４月に教える"絵画指導の基本・人間の顔の描き方"

　被写体の子が笑うように、様々な芸をまわりで繰り広げさせます。
　あまりにおかしくて、カメラマンが笑ってしまうことも……
　子ども達が、笑わせている間、私は、何をしているかというと…………
　ひたすら撮影です。
　デジカメを連写モードにして、シャッターを押し続けています。
　自画像に使えないのですが、たまに爆笑モノを撮れることがあります。

②編集

　自画像用のスナップ写真が決まったら、編集です。
　次の行程で進めました。
　①　トリミング
　②　モノクロ化
　デジカメの画面は、横長です。自画像は、八つ切り画用紙の縦です。横長を縦長にカットしてやらなければなりません。大人にとっては、ほんの少しの変化が、子どもにとっては大変化です。子どもが、見たまま描けるように整えます。画像処理ソフトで、Ａ４の大きさにトリミングしました。Ａ４の個人写真は、カラーです。それを白黒にします。
　ただ白黒にするのではなく、輪郭だけが残るようにしました。これまた画像処理ソフトで。

③強調

　真っ白になった自分の顔を補修していきます。
　真っ白な顔は、各パーツの線が消えています。
　不完全なパーツを、鉛筆でなぞり、顔を立体的にします。特に、鼻筋は全くと言っていいほどありません。のっぺらぼうです。
　まずは、鼻筋の再建手術。続いて、目。更に口と歯。
　絵画で顔を描くときと全く同じ道筋です。
　太郎君の顔を例に、私も黒板でやってみました。
　鉛筆の再建手術が終わったら、油性マジックでなぞって線を更に強調しました。

④転写

　Ａ４への下描き強調編が終了しました。
　いよいよ、画用紙に本番の下描き（なんだか変な表現ですが）を描きます。
　このＡ４強調下描きをＢ４版に拡大したものを配りました。そして、八つ切り画用紙（厚）を配りました。次のように言いました。
　「自分の顔のお手本を見ながら、自画像を描きなさい。」描く順序は、下描きの時と全く同じです。
　① 鼻
　② 目
　③ 眉毛
　④ 口
　⑤ 輪郭
　⑥ 耳
　⑦ 髪の毛
　⑧ ほうれい線
　⑨ ゴリラ線
　意外と手こずるのが、髪の毛です。
　「１本１本丁寧に描いていきなさい。」と念押ししました。
　おかげで、リアルな髪の毛となりました。

⑤彩色

　彩色編です。
　子ども達は、みんな自分の下描きに満足しています。
　だから、最終工程の"彩色"作業にも意欲的です。
　彩色は、図工室でしました。
　筆洗とパレットの準備をさせてから、みんなを私の机を囲ませました。
　そして、肌色の作り方から教えました。
　次の順番で、色を溶いていきます。
　①白　②黄土　③黄　④赤

Ⅲ　読書感想画＝４月に教える"絵画指導の基本・人間の顔の描き方"

水をたくさん含めて色を混ぜます。
基本色ができたら、顔全体に薄く色を置いていきます。
「塗る」より、「置く」の方がイメージできます。
または、「筆を軽く画用紙にトントンする」と言った方がいいでしょうか。
微妙な肌色がいいですね。

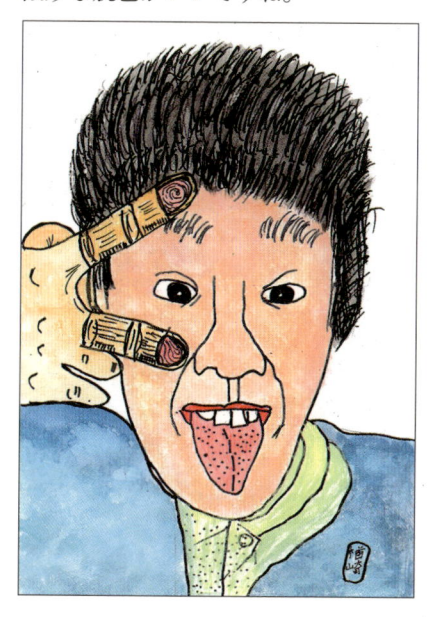

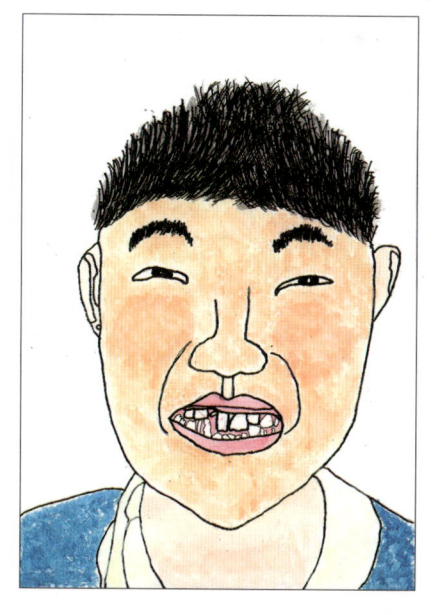

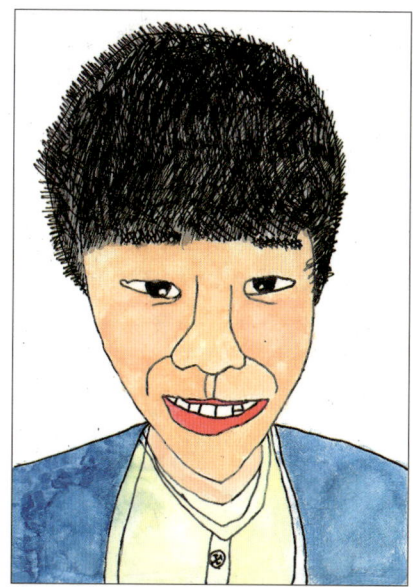

67

2　成功率99％ 自画像の描かせ方

林　健広

　2015年3月27日、下関で開催された「TOSS教え方セミナー」の講座内容をテープ起こししたものである。

マル秘ポイント①　写真を使う

　担任して最初に図工で自画像があります。
　成功体験をつませて、子ども達に自己肯定感を高めさせたい、といつも思っています。子どもが満足する絵を描かせて、スタートしたいです。
　図工で満足する絵を描かせる、それから一番究極は子ども達全員に賞状を取らせるというのが、究極の目標なんです。
　私、今年度6年生を担任して14人で少ない学級なんですけど、14人ですけど、1年間でもらった子供たちが授業でやった子ども達の作品でもらった絵の賞状の数が41枚です。
　感想画、版画それから秋季造形展って山口県であるんですけど、それで全員の出品して全員の全部入りました。
　そのスタートが今回の自画像です。
　一番最初はやっぱり酒井先生の顔の描き方、って順番があるんです。鼻描いて、目描いて、口描いて、眉毛描いて、輪郭描いて、耳描いて、髪の毛描くっていうような簡単な流れなんです。
　昔はそれをですね、子どもと一緒に黒板でやっていたんです。

> 最近はちょっともうちょっとうまくやりたいなっていう風にして**写真使って**やってます。

　どうやって写真使ってやるかっていうのを今から先生方と一緒にやっていきます。

マル秘ポイント②　連写を使う

　スタートラインが写真の撮り方から、なんです。大体個人写真撮るとみんな無表情なんですよ。

> だから私は連写機能を使ってカメラで。

　あの子ども達に笑わせる。笑わない子どももいますよね？　先生じゃ笑わない子どもはどうするか、というとどうしますか？（子ども達に笑わせる。）子ども達周りによって集ってその子ども達を笑わせるようにして、私は、ずっと連写をしている感じです。

　で、今日ですね、会場で大井先生、北九州の先生に、あの、モデルになってもらったんです。

　これ笑ってないですね。ここで叱っちゃだめですよ。笑えって言って。ここでいろんなこと言いながら、今から表情で連写で撮っていきました。全部で100枚撮ったんです。

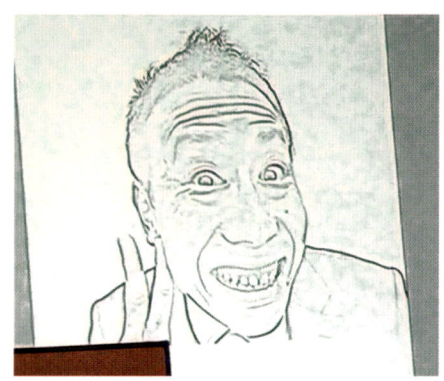

　これを採用しました。

　学級行くと無表情な自画像が載ってるんですけど、やっぱり表情作らせた方がいいですね。

　画像処理ソフトで、もう10年以上前のソフトなんですけど、ずっと私使っています。そのソフトを使って、まず白黒にします。コピーの白黒だったら、その灰色が入ってくるので、子ども達、その灰色の情報で、描きにくいんです。だから、白、黒だけの線にします。

マル秘ポイント③　1つ1つ教えていく

マジック持って下さい。これで顔の描き方の順番を一緒に教えていきます。持ちましたか？（はい。）はい。
※ホワイトボードに、プロジェクターで写真を映す。
※映し出された写真のプリント（Ａ４用紙）を子役に配布。

> 人の顔は一番最初は、鼻描きます。

　鼻筋と言います。みんなで、さんはい。（鼻筋。）
　オッケー。そして、ここに鼻の穴の周りがあります、鼻の穴。これを小鼻といいます。みんなでさんはい。（小鼻。）それを描いていきます。よく見て下さい。こっち見て下さい。まず、鼻筋を描きまーす。（左の鼻筋を描きながら）鼻筋ー。（右の鼻筋を描きながら）こっちも鼻筋ー。
　はい、やってごらんなさい。マジックは太めの方がいいです。できましたか？（できました。）はい。子どもとやるときはカタツムリの線で、ゆっくり描きなさいと言います。
　次。小鼻を描きます。
　小鼻ー。
　はい、どうぞやって下さい。
　できましたか？
　（できました。）
　はい。鼻はこれで一旦完成とします。
　次。何をしますか。平松君。（口です。）違います。さっき言いました。目です。目。目をやってみます。よく見て下さい。

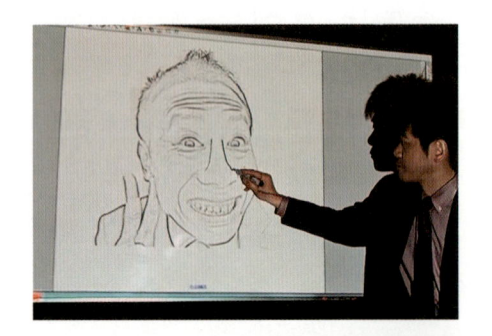

Ⅲ　読書感想画＝４月に教える"絵画指導の基本・人間の顔の描き方"

　目はまず、上の瞼、そして、下の瞼。そして、中に黒目がありますから、黒目はどっちかに寄せて、このように描きます。

　もう１つ。中にね白い丸をつけておくと、結構生きた目になります。はい、やってごらんなさい。

　右目ができた人、左目もやります。

　ゆっくりでいいですよぉ。

　（会場を見渡しながら）あぁ、丁寧でいいですねえ。

　はい。両方できちゃった人は、黒目を、塗っときましょう。マジックでね。

　できましたか？（はい。）はーい。

　次行きます。まだですね。みんな熱中してますね。

　はい、じゃあこっち向いて下さい。瞼に、ちょっと、上の方に二重の線を入れてあげると、さらに、目が生きてきます。

　できましたか？　次です。

　これに睫毛、これもつけてあげましょう。大丈夫ですか？　できましたか？

　次、何ですか？　平松君。

　（口です。）口ですね。こっち向いて下さい。口は上唇を描きます。

　できたら下唇です。

　下唇もこういうふうにして、ちょっとたらこっぽくやってあげます。

　はい、やってごらんなさい。

　はい、マジックのいい音が聞こえてきますね。できましたか？　はい、できた人、できましたって言って下さいね。

　（できました。）

　はい。次。

　口の中、何にもないと困りますので、歯を描いていきます。はい、前歯。上

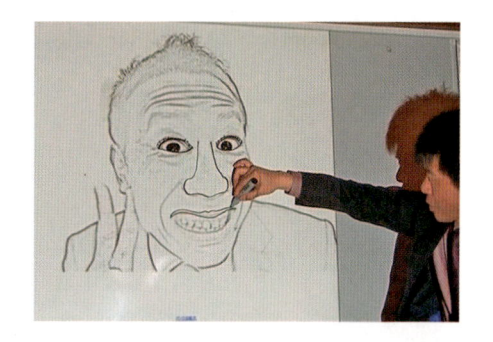

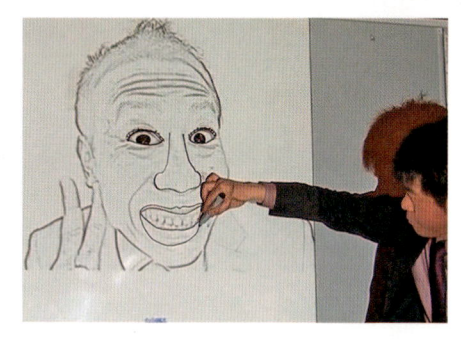

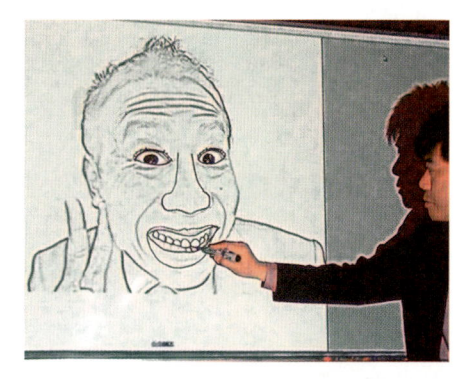

の前歯。下の前歯。歯を全部描いていきましょう、どうぞ。

上の歯ができたら下の歯ね。

大丈夫かな、できたかな。

はい、できましたか？

じゃ次行きますね。

今度は、輪郭ですね、輪郭。この髪の毛の付け根のあたりから、ほっぺたそしてあご、このようになぞってみましょう、どうぞ。

はい、輪郭のあとは何をするんでしょう、平松君。（眉毛。）

そうね、先生眉毛描くの忘れてました。

本当は、目の後にやった方が良いんですけど。

眉毛。眉毛、こっち向いて。

眉毛はね、普通は四角で描きがちなんですけど、髪の毛みたいに1本1本シュッシュッシュッシュッシュッシュッシュッというふうに毛を描いていきましょう。

はい、はじめ。

ああ、いい音が聞こえますね。

できましたか。

はい、じゃ次行きます。

本当の順番は、目、眉でした。耳行きます。

今度は、輪郭の後、耳です。耳もなぞって、自分で線をつけてみましょう。はい、どうぞ、やってごらんなさい。

今日は、片耳しか見えませんけど、それで良いですよ。

はい、では次、髪の毛行きます。髪の毛はね、やっぱり、こうやって描いちゃうとヘルメットになりますから、髪の毛、1本1本。大丈夫ですか。

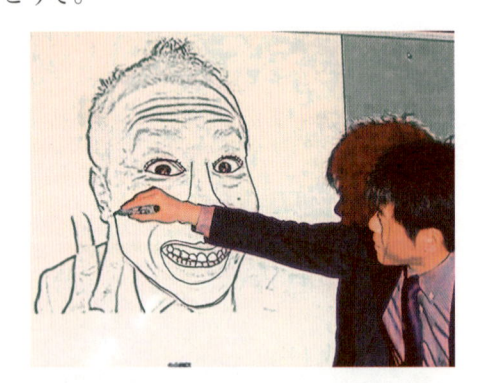

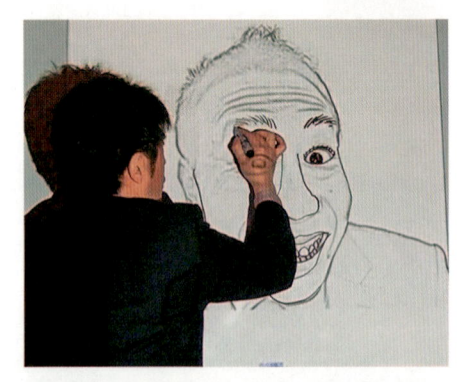

Ⅲ　読書感想画＝４月に教える"絵画指導の基本・人間の顔の描き方"

髪の毛、１本１本。

　次はですね、細かいところを今から仕上げていきます。
　頬のところにあるほうれい線っていうのを書くと人物画っていうのはリアルになります。それから鼻の下、私はゴリラ線って呼んでますけど、このゴリラ線も付け加えてあげましょう。
　大体これで終わりなんですけど、時間調整のためにここにピースとか、服とかありますから早く終わった人はこれをやっときなさいというふうにして、時間調整します。
　一番できない子、遅い子どもが、まず顔ができればいいですから。ここの部品って言うのは、まぁ、時間調整です。ここまでお隣同士で見せあいっこしてみて下さい。
　前向いて下さい。
　私が描いた絵をスクリーン、プロジェクターはずしてみますと、こんな感じになりますよね。子ども達もちょっとなんかこう、おじいさんに見える？　そりゃいいです、そりゃいいです。で、これを今みたいにして下敷きに自分の顔があるので、失敗しないんですよね。で、一番大事なのは、これ、小児神経内科の先生から伺ったんです。

| 子ども達って失敗をすごく恐れる。だから安心して成功できる。|

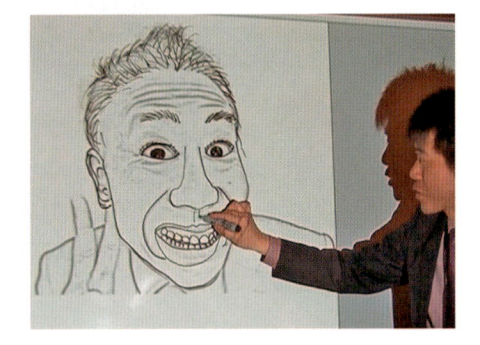

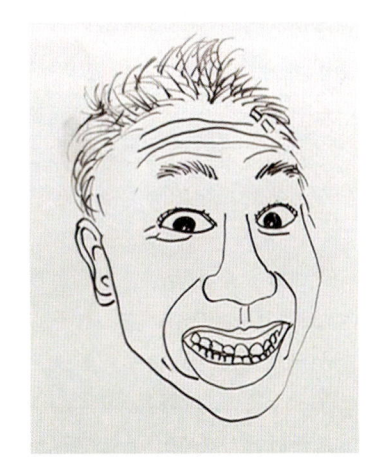

　こういう、なぞりっていう作業は、安心して成功できる。すべての子どもが安心して成功できるので、学習教材としては、すごく最適だ、なぞり教材ってのは、す

73

ごく最適だというふうに聞きました。
　私もこれ、ここ何年かやってるんですけど、子ども達みんな安心して、自信持って、やります。

マル秘ポイント④　今描かせた絵を参考にして、画用紙に描かせる

マル秘ポイント⑤　赤鉛筆で線をなぞらせる

　もちろん、これを作品にしてもいいんですが、この後、八つ切りの画用紙渡します。

> これを見て、やってごらんなさいとやります。

　一番大事なのは、見て写すのは、結構難しい子どもいます。
　ですから、写すときはどうやるかというと、例えば今の順番、鼻から順番にやっていくんです。

　そのとき、赤鉛筆で鼻をなぞらせて、指先通して、鼻の書き方ってのを頭に入れます。

> 子どもの自分の顔の鼻ってこういう形だって1回なぞらせます。
> なぞらせた後で画用紙に写させます。

　大体リアルな絵ができるようになってきます。
　これでいいのかと言われそうな声が聞こえてきますけど、いいですよ、成功体験だから。
　子ども達が自信持てば、この後、自分達で実際に描きますから。
　これは作品の1つとして写し絵にしてもいいし、そのあと、画用紙に書いたやつももう1回やってあげれば、成功体験として、子ども達は、自分の自画像という部分ではすごく自信を持ちます。

Ⅲ　読書感想画＝４月に教える　"絵画指導の基本・人間の顔の描き方"

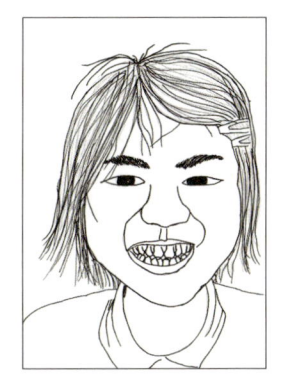

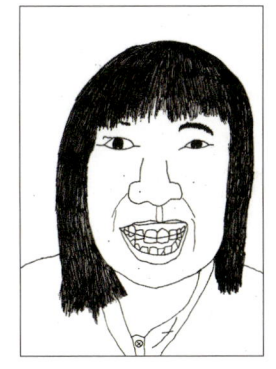

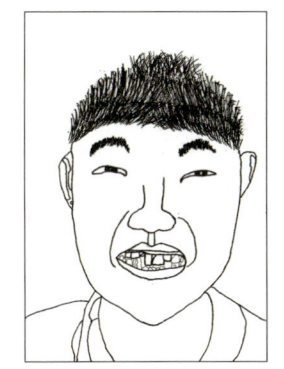

3　写真を撮る３つの技術

　　　　　　　　　　　　　　　　　　　　　　　林　健広

　河田氏は、自画像指導は、写真撮影から始まる。
　子どもの顔写真を撮る。
　しかし、ただ撮るだけではない。そこには、３つの技術がある。

> 技術①　バックは白にする。

　河田氏は、ホワイトボードをバックに撮影した。ホワイトボードの前に、子どもを立たせる。
　白がバックの方が、写りが良い。私は河田氏から学ぶまでは、黒板の前に立たせていた。ホワイトボードに変える。子どもの顔が、鮮明に写るようになった。

> 技術②　連写で撮る。

　デジタルカメラには、連写機能がある。
　河田氏は連写機能を使う。子ども１人につき、30枚～50枚近く撮影するのだ。その中で、一番よい表情を、教師が印刷する。
　連写機能を使えば、「あ！　今の表情よかったのに、撮り損ねた。」ということがない。たくさん写真を撮ることで、決定的な良い表情を撮り損ねることがないのだ。
　また、河田氏は、様々な角度から撮影する。カメラを近づけたり、上から見上げるように撮影したりする。いつも、真正面から撮るわけではない。
　教師が意図的にいろんな表情が撮れるようにしているのだ。

> 技術③　かたい表情を、柔らかくする。

Ⅲ　読書感想画＝４月に教える"絵画指導の基本・人間の顔の描き方"

河田氏が撮影すると、子どもたちの表情は柔らかくなる。
なぜか？　まず、河田氏自身が、にこにこしながら写真を撮っている。
しかめっつらで撮っていない。
さらに、言葉がけだ。
「Ａさん、歯を見せてくださいよ。」
「は～い、いいですね。」
「○○さん、思い出して！」（その子の友達の名前）
「ＯＫ、ＯＫ！」
「今度、目を開いて。もうちょっと、ほら！」
「もうちょっと、見上げて。」「そうそう、ピースも！」
「ピースも顔を近づけて。歯を見せて、歯ぐきがかわくぐらい。」

それでも、表情がかたい子はどうするか？
やんちゃ君を活躍させる。
写真撮影をしている河田氏の後ろにやんちゃ君を立たせる。
「笑わせて。」と、河田氏は、やんちゃ君に言う。
そこは、やんちゃ君の得意とするところだ。
変なことを言ったり、動きをしたりする。撮影されている子どもはどっかんどっかん笑う。その瞬間を連写で撮るのだ。
また、顔だけでなく、手にも指示を出す。
「ピースしよう。」と。
ピースをすると何がよいか。絵に立体感がでるのである。
手を顔を重ねるようにして写真を撮る。
すると、絵も、手が前・顔が後ろになる。重なる。手を書くことで立体感がでる。

77

4 子どもが描きやすくなる写真加工術

吉谷　亮

1 写真を選ぶ

　撮影した写真はそのままではまだ使えない。
　今度は、どの写真を使うか選び、編集することが必要になってくる。
　どのような写真を選ぶと良いのだろうか？
　河田氏が選んだ写真はやはり「笑顔」である。
　ポーズをとっていると更に良い。
　ポーズをとっている写真とそうでない写真を比較して、河田氏は次のように述べている。
　「（ポーズをとっていない写真を示して）これスタンダードだけど、子どもにポーズさせた方がいいでしょ？」

> 動きのある写真にした方が、自画像自体にも動きが出るのである。

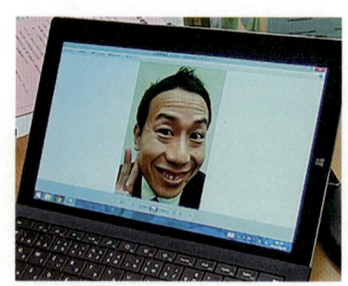

2 写真を編集する

　写真の選択が終了したら、次は実際に完成がイメージできるような写真の状態に編集する作業が必要となる。
　そのためにまず河田氏がとった作業は以下である。

Ⅲ　読書感想画＝４月に教える"絵画指導の基本・人間の顔の描き方"

「画用紙が縦長なので、まず設定する必要がある。」

つまり、子どもが描きやすいよう、画用紙のサイズに顔を合わせるのである。

河田氏は画用紙のサイズに合わせて、顔がちょうど中心になるように拡大と移動を繰り返していた。

　河田氏が使用している画像を編集するソフトはMicrosoft PhotoDraw（マイクロソフト　フォトドロー）である。

　現在は販売されておらず、ネットオークション等でしか購入できないようであるが、このような作業には大変重宝するソフトである。

　フォトドローの機能を使って、【特殊効果】→【コピー】で、鉛筆で描いたような線画の絵に加工する。

　このような作業が、フォトドローでは手間を少なく、簡単に行うことができる。

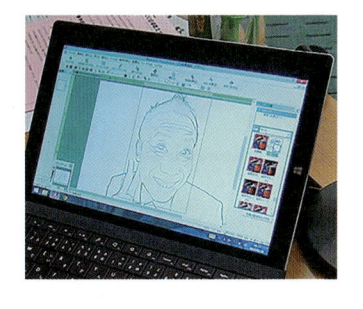

　線画にするのは、顔を構成するパーツ以外の余計な情報を取り去りたいからである。

　この点が、他のソフトでは河田氏のイメージするような線画にならないようである。こうして、線画となった顔写真を拡大してなぞれるように提示ソフトに張り付ける。河田氏が使用していたのは、スマートノートブックというソフトである。電子黒板用のソフトで、古いバージョンであればネット上からダウンロードもできる。

　なお、この写真加工は、風景画でも役立つ。

　たとえば、学校の周りの風景。

　河田氏は、200枚近く写真を撮る。そして、自画像と同じように画像を編集する。ただし、気を付けてほしいのは、写真をそのまま絵にするわけではない。本来そこにないはずの校舎を、画用紙に書くときは入れることもさせている。

　写真加工は、どの素材でも役立つ。

79

読書感想画奮闘記③ 彩色編①

読書感想画の彩色編をお届けします。
　メイキン・オブ・読書感想画シリーズ第2弾です。
　シリーズ第2弾にして完結です。といいたいところですが、まだもう少し続きます。
　なにはともあれ、子ども達の力作をご覧ください。

IV
本選びから
色塗りまで
読書感想画
基本スキル

1 絵が嫌い
そんな子の本の選ばせ方

林　健広

1　描かせる「前」　課題図書は、担任が購入する

　読書感想画コンクールには、2つの本がある。
　課題図書。自由図書。
　課題図書は、指定された本を読まなくてはいけない。
　自由図書は、何でもよい。
　課題図書は、それぞれの学校で購入される。
　高学年で、1冊ずつ。
　つまり、5年2クラス、6年2クラスなら、4クラスで1冊だ。
　困ったことがおこる。
　それは、図工が重なったときだ。
　「私が読んでいたのだけど、他のクラスの子が持っている。」
　「私が描いている途中なのだけど、どのクラスの誰が持っているのか分からない。」
　どうするか。河田氏は言う。

> 担任が、課題図書を購入する。

　課題図書は、だいたい5冊、指定される。
　5冊すべて担任が購入しておくのだ。お金も5000円程度。高くない。
　他のクラスを気にして図工をしなくてもよい。精神的にも良い。
　何より、読書感想画が終われば、学級文庫にもなる。一石二鳥だ。

2　描かせる「前」　おすすめの本はファンタジー

　私が、同僚から学んだことである。
　絵が苦手な子にとって、感想画に描きやすい本とそうではない本がある。

Ⅳ　本選びから色塗りまで　読書感想画基本スキル

感想画に描きやすい本は、次の登場人物が出る本だ。

①鬼
②妖精
③人魚
④小人
⑤巨人
⑥動物（大きな動物）
⑦魚（大きな魚）
⑧木（大きな木）
⑨竜（ドラゴン）
⑩恐竜

つまり、ファンタジーに出てくる登場人物である。

同僚から教えてもらったとおりであった。絵が苦手な子も、わりかし抵抗感なく描いていた。絵が苦手な子も、何を描いているのか分かった。ファンタジーに出てくる登場人物は、特徴がはっきりしている。だから、描きやすいのだ。

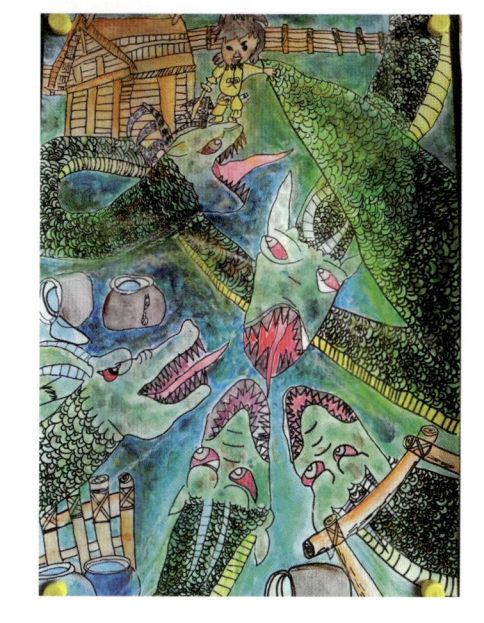

さらに、おすすめの本がある。

『古事記』

『古事記』には、様々な物語がある。「ヤマタノオロチ」「因幡の白ウサギ」「海幸山幸」など。毎年、クラスで一番絵が苦手な子は、『古事記』から描かせている。そして、毎年コンクールで入選している（右上）。『古事記』は、物語自体が面白い。絵も素敵な作品になる。

3　描かせた「後」　パッと目をひく掲示術

絵が完成する。教室に掲示する。それで、終わり!!
これでは、もったいない。河田氏は、絵と作文をセットにして掲示している。

【左の作品・題名】葉、緑、木、命の大切さ

一番かきたい、と思ったとは葉っぱでした。まず、えんぴつで葉をかきながら作業を進めました。そして、その後絵の具でぬりました。一番のお気に入りは葉っぱです。でも四十ひきの動物もとても大変でした。少しだけ体の形をかえてみたり、大きさを長くしたりしましたが、ふとさをあまりくふうしなかった木の実もあります。完成したときは、大変ほどくしく、とても満足しています。

【右の作品・題名】みんなまきこまれる!!風神VS雷神

「や゛っ」と大声がひびいた。それは、ぼくが一番がんばったところです。ぼくは、風神と雷神をとくに力を入れてかいています。ぼくも風神と雷神が一番きにいりました。その次に、がんばったのは、人間をがんばりました。人間はかかないといけないからです。色ぬりでは、人がいっぱいいるのでちょっていへんでした。風神と雷神をぬるのもむずかしかったです。くろうしたけど、できばえにとてもまんぞくしています。

そのスキャナーで、画用紙の半分ずつ取り込む。

取り込んだ画像を、画像処理ソフトで合体させる。あとは、パブリッシャーというソフトで、作文用紙に印刷する。もちろん、カラーで。

河田氏から教えてもらうまで、私はデジカメで記録していた。

画質がどうしても悪くなる。暗くなるのだ。河田氏から学び、スキャナーで保存するようにした。違いにびっくりする。鮮明なのだ。同じ通信で紹介するなら、美しく見えるスキャナーの方が断然よい。子どもが喜ぶからである。

4　描かせた「後」　パッと目をひく通信で紹介

河田氏の通信だ。1人の子につき、1号。①読んだ本②下描きの絵③読書感想画学習カード④完成した絵などを、ぎゅっと1枚にまとめている。クラス全員分、通信で紹介している。保護者も納得する。教師として、どんな絵を描かせたのか、説明責任を果たしたことになる。

と同時に、河田氏の保存、整理術にも驚いた。ここまで保存し、整理するのだと

Ⅳ　本選びから色塗りまで　読書感想画基本スキル

学んだ。なお、保存する際「20014.10.9 名前」というように、西暦、月日、タイトルを入れて保存すると検索しやすい。これも河田氏から学んだことである。

2 感想をギュッと整理する下描き前のひと準備

林　健広

1　いきなり下描きはさせない

　本を選んだ。読んだ。さぁ、画用紙に描く……では、失敗する可能性が高くなる。画用紙に描かせる前に、次のことをする。

> 学習カードに情報を整理する。

　描きたい場面は、どこなのか。どの場面に感動したのか。
　どんな人物が出てきたのか。どんな色を中心にして描いていくのか、などなど。カードに書かせることで、情報を整理させる。

2　カードに必要な4つの情報

　河田孝文氏のカードには、4つの項目がある。

> ①本の題名
> ②感想画の題名
> ③一番感動したこと
> ④一番表現したいこと

　さらに、④一番表現したいことは、6つに分かれる。
①絵にする場面
②主人公の気持ち
③顔の表情
④体の動き
⑤気持ちを表すあたりのようすや景色
⑥中心にする色（理由も）

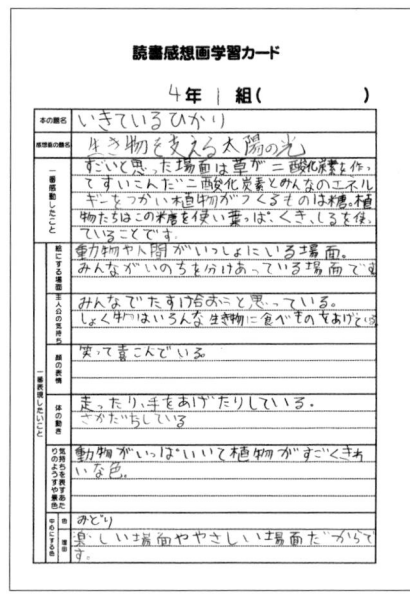

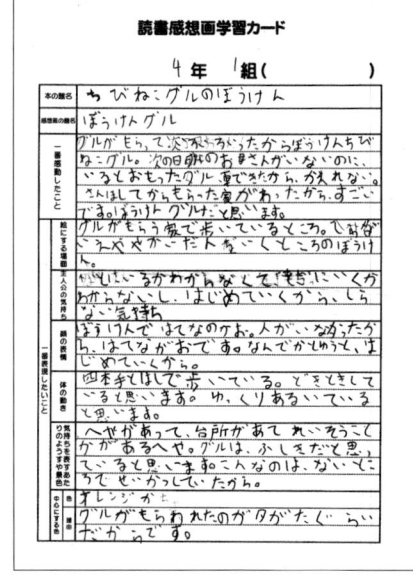

Ⅳ　本選びから色塗りまで　読書感想画基本スキル

カードで大事な項目は、2つある。

> 一番感動したこと。

なぜ、感動したことを書かせるのか。河田孝文氏は通信でこう書いている。

「読書感想画とは、本を読んで、どんなことを感じたか、どんなことに感動したかといった読者の心の動きや感情を中心に表現したものです。だから、物語の場面をただ画用紙に描くのではありません。」(河田学級通信『THE BLUE HEARTS』184号より)。感動したことを書かせることで、自然と画用紙に描かせる場面も決まるのである。

> 中心にする色

中心にする色も大事である。色で、登場人物の気持ちや読んだときの感想を表すからである。どのような色にするかは、色塗りのページに書いている。そちらをごらんいただきたい。

なお、カードを書かせることは、教師にとっても便利である。
子どもがどんな本を読んだか、だいたい把握できるからだ。
子ども全員の本を、教師が読むことは無理である。
35人がバラバラの本を読んだ場合、35冊読まなくてはならない。時間上、無理である。
しかし、カードを書かせておくと、子どもがどんな本を読んだのか、だいたい分かる。どんな登場人物が出てくるのか、時間はいつなのか、場所はどこなのか、だいたい分かる。

3 下描きを描かせる

シートに、下描きも描かせる。
シートに書いてある指示は、2つ。

> ①向きは、縦、横、どちらでも構いません。
> ②メインの場面、サブの場面を重ねましょう。

カードにかける時間は、学年によって違う。カードの段階で、みっちりと指導す

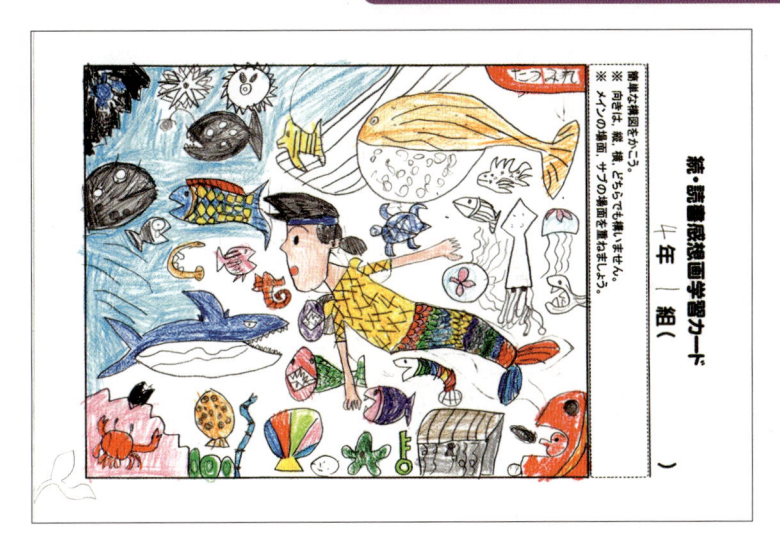

Ⅳ 本選びから色塗りまで 読書感想画基本スキル

る場合もある。「人魚を大きく描きなさい。」「頭を逆の向きにしなさい。」「魚を同じ向きにしなさい。だんだんと小さくしてごらん。」「目は、右上を見ているようにしなさい。」などなど。大事なことは、教師に情報量がたくさんあることだ。どんな構図にすると良いのか、どんな背景だと良いのかという情報量があることだ。私は、読書感想画コンクール展に欠かさず参加している。自分の情報量を増やすためである。これは一朝一夕で身に付くことではない。

　シートでみっちり指導する場合は、２時間程度かける。
　いずれにせよ、いきなり画用紙に描かせないことが大事だ。

89

3　成功率99.9％　下描き編

　　　　　　　　　　　　　　　　　　　　　　　　　林　健広

1　4つの指導ポイント

　下描きで成功率99.9％！　そのために、4つのポイントで指導していく。

> ①手本を見せる。
> ②動きのある構図にする。
> ③近くのものは大きく、遠くのものは小さく描かせる。
> ④ぎっしり描かせる。

　なお、この4つは河田孝文氏の実践から抽出したものである。

2　手本を見せる

　まず、A4用紙に、下描きを描かせる。いきなり四つ切りの画用紙ではない。いきなり四つ切りでは、失敗する可能性が高くなる。
　ある子が、人魚を描こうとしている。なかなか手が進まない。鉛筆が動かない。そんなとき、教師はどうすればよいだろうか。
　「がんばって描きなさい。」では、成功率99.9％にはならない。

> 手本を見せる。

　例えば、「図書室に行って、人魚の本を探しておいで。」と言う。例えば、タブレットで人魚を検索し、画面を見せてあげる。例えば、グーグルで検索したものを印刷して渡してあげる。
　すると、スラスラ描けるようになる。
　全国各地のセミナーで、教師に同じ指示をしている。何も手本を見せずに、「人魚を描いてみて下さい。」と。9割以上の先生が戸惑う。できた人魚の絵も「恥ずかしい。」と言う。

教師でさえそうなのだ。絵が苦手な子には、手本が必要である。

3　Ａ４用紙から画用紙へ！　動きのある構図にする

　Ａ４用紙から、画用紙に描かせる時に、大事なことがある。
　動きのある構図にすることだ。例えば、河田学級ではＡ４用紙（左）から、画用紙（右）に変化している。

　顔の向きが違う。手の位置が違う。顔の表情も違う。動きがある構図になっている。顔の向きが逆さまなのは、酒井式のシャボン玉の追試だ。どうしたらダイナミックな構図になるのか、教師が知っておく必要がある。

4　Ａ４用紙から画用紙へ！　ぎっしり描かせる＆遠近法

　Ａ４用紙から画用紙に描かせる際、描かせる順番がある。

> ①中心人物（ここではゾウ）。
> ②対役（ここでは赤ちゃん）。
> ③端役（ここでは鳥）。
> ④背景（ここでは木や巣）。

　中心人物は、子どもが一番感動した人物である。他の人物に比べ、大きく描くことになる。だから、最初に描かせるのだ。
　ここで問題が起こる。スカスカなのだ。Ａ４用紙は小さい。四つ切り画用紙は大きい。そのため、スカスカになる。何かで埋めなければならない。何で埋めるか。
　ポイントがある。それは「いつ」「どこ」の場面か分かるような背景を描かせる

91

ことである。
　子どもに聞く。
「これは、どこなの？」
（アフリカです。）
「アフリカって言ったら、何をイメージするかな？」
（動物です。）
「じゃ、動物を描こう。」

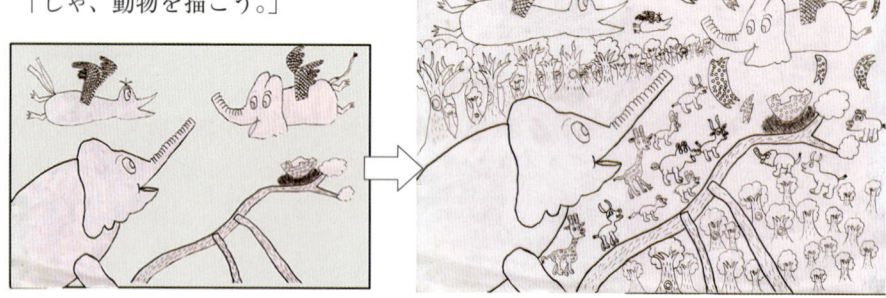

　この問答は、子ども達１人１人違う。
　例えば、Ａさん。夏休みに島で人魚に会う絵を描いていた。
「人魚が住んでいる海はきれいなの？」
（はい、すっごく！　魚もたくさんいます。）
「そうかぁ、じゃ、魚を描こうよ。」
（珊瑚もあります。）
「珊瑚も描こう。」
　Ｂさんは図鑑を片手に魚や珊瑚を描いていった。
　例えば、Ｂさん。日本神話「ヤマタノオロチ」を描いていた。
　最初のＡ４用紙には、ヤマタノオロチだけを

描いていた。
　「ねぇ、スサノオノミコトは？」
　（あ、忘れてました。）
　「お酒を飲ませたでしょう？」（はい！）
　「じゃ、お酒も描いてごらんなさい。」
　（先生、家も描いていいですか？）
　「クシナダヒメの家ね。もちろん、ぎっしりとね。」
　（先生、スサノオノミコトは柵も創りました。）
　「それも描こう。」
　このように、子ども達と問答しながら、対応していく。
　ただし、背景を描かせるときに、大事なポイントがある。

| 近くのものは大きく描かせる。遠くのものは小さく描かせる。 |

　遠近法だ。これで絵に奥行きがでる。動きがでる。
　ぎっしりと。そして遠近法で。この２つだけで、成功率があがる。
　コンテは、人物画でも使う。林学級では、次の絵に使った。

4　成功率99.9％　色塗り編

　　　　　　　　　　　　　　　　　　　　　　　　　　　　林　健広

1　4つの指導ポイント

　色塗りは、難しい。下描きまでうまくいっていても、色塗りでぐちゃぐちゃになる。教師が「色塗りは難しい」と思っていることが、まず大事だ。間違っても、教師がテストの丸付けをしながら指導しよう、なんて思ってはダメである。色塗りのポイントは、7つ。

> ①作業アイテムをそろえさせる。
> ②道具の置き場所を教える。
> ③主調色を教える。
> ④塗り方を教える。
> ⑤中心人物から塗らせる。
> ⑥背景は、空気を動かす。
> ⑦コンテで立体感、躍動感を出す。

　なお、この7つのポイントは、河田孝文氏から学んだものである。以下、具体的に書いていく。

2　ポイント①作業アイテム　②道具の置き場所

　道具は、①絵具②筆③筆洗④パレット⑤ぞうきん⑥ティッシュ。
　忘れた子どもには、教師が貸す。私は絵の具セットを5人分持っている。
　置き場所も教える。何を、どこに置くのか教える。教えるのは、次の3つ。
　①利き腕の側にパレット
　②その上に筆洗（筆洗の下にタオル、きれいなぞうきんを置く。）

③絵具はパレットの置いていない画用紙の側に。
　この３つをすると、効率がよい。無駄な動きがなくなる。また描いている絵がよごれることもない。

3　ポイント③主調色を教える

　主調色を教える。どのパーツにも、同じ色を混ぜるのである。もちろん加減はある。多く入れるとき、少なく入れるとき。しかし、どのパーツにも入れる。そうすることで、絵全体に統一感が出る。
　どのような色を入れればよいのか。例えば、次の色にする。

楽しい話⇒黄色
悲しい話⇒青色
恐ろしい話⇒紫色
優しい話⇒桃色や橙色

　１つの色を決める。これが感想画で大事である。

4　ポイント④まずは下地⇒重ね塗り

---

①筆で色水をパレットからとる。
②タオルに筆を置く。
③筆を立てる。
④画用紙に筆を置く（トントンと）。
⑤ティッシュで軽く押さえる。

　この５つの手順で塗り方を教える。子どもを前に集め、教師が手本を見せるのだ。
①色水
　子どもは濃く塗ろうとする。ペンキのように。これだと失敗してしまう。まずは、薄く塗らせる。下地だ。
②タオルに筆を置く。
　１回タオルに置くことで、筆に余分な水が無くなる。濃くなるのを防ぐ。
③筆を立てる。

④画用紙に筆を置く。

　子どもは、ペンキのようにベタッと塗ってしまう。筆を立てることで、ベタッ〜と塗ることが無くなる。筆を置く感じで塗る。

⑤ティッシュで軽く押さえる

　軽く押さえる。押さえすぎてもいけない。塗ったばかりの色がすべて無くなるから。軽くでよい。

　この5つを教える。

　私は、黒板に書く。キーワードで。

> 「タオル、トン、ティッシュ」と教えている。

　大事なことは、ペンキのようにベタッと塗らせないことである。ペンキ塗りだと遠近感がなくなってしまう。立体感がなくなってしまう。

5　ポイント⑤中心人物から塗る

　塗らせる順番もある。

　前頁のように、中心人物からである。

　そして、対役、脇役、背景となる。中心人物は、画面の中で大部分を占めている。最初に塗らせることで、集中力が続くからである。

6　ポイント⑥背景は、空気を動かす

　背景は、難しい。いい加減に塗ると、絵が一気にダメになる。緊張感が必要だ。背景のポイントは1つ。

Ⅳ　本選びから色塗りまで　読書感想画基本スキル

空気を動かす。

　例えば、右の作品。
　空気を動かすために、2つのことをしている。1つが、円になるよう筆を動かしている。もう1つが、青を青紫で描いている。この同系色で塗り進めると、背景は成功する。例えば、紫と赤紫。緑と黄緑。桃と赤。河田氏は、背景の色は3つの色を作る。パレットに、「紫」「ちょっと薄い紫」「さらに薄い紫」というように。1つの色だけで塗るより、はるかに動きが出る。背景も、ペンキのように濃く塗ってはいけない。

7　ポイント⑦コンテ

　仕上げがある。コンテだ。私は、30色以上あるコンテを使う。コンテで、陰になる部分を塗る。例えば、首下、膝、脇、木の陰、建物の影など。こうすることで、立体感、躍動感が増す。小さなことだけど、やってみると、びっくりする。コンテは、絵画指導に無くてはならない道具だ。
　彩色は難しい。教師が安易な気持ちでいてはいけない。緊張感をもって挑むことが大事だ。もちろん、子どもをほめながら。

5　知っているだけで得！
　　ちょっとした指導の工夫

林　健広

1　指導の工夫＋α①　目の描かせ方

河田孝文氏が同僚から学んだこと。

　目は命！

左は読書感想画学習カードの絵。右は画用紙の絵。

　目が違う。目の描き方が違うのだ。どちらが動きがあるのか。右である。河田氏は、学級通信に書いている。「作品の出来栄えを左右する重要なパーツです。それは、目です。何も教えなければ、子どもたちは人形のような顔を描きます。【目は命！】という名言を昨年教えていただきました。」
（「THE BLUE HEARTS」228号より）。
　河田氏は、読書感想画の下描きを描かせる前に、目の描かせ方の指導をしている。4月の自画像のときにも教えている。
　細かなことだが、黒目の中に小さく白目を入れることも、河田氏より学んだ。小さな白目を入れることで、さらに動きが出てくる。登場人物がどちらの方を向いているのか明確になる。

目は命!!!

2　指導の工夫＋α②　背景の描かせ方

　背景は、難しい。
　今まで成功していても、背景でぐちゃぐちゃになることが多い。背景は難しい、ということを教師が肝に銘じておくことが大事だ。
　河田氏に背景の描かせ方を聞いた。ポイントは３つ。

①薄く塗る。
②３つの色を作る。⇒背景は３つの色で塗る。
③違う場面は、違う背景にする。

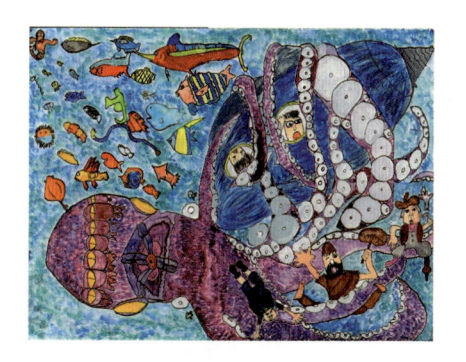

　まずは、薄く塗ることについて。
　河田学級の絵。背景を見てほしい。
　濃くない。海の色、空、草原、山。どれも登場人物より薄く塗ってある。
　濃くすると、登場人物が目立たなくなる。薄く塗ることが大事だ。
　次に、３つの色を作ることについて。
　背景の色を決める。
　例えば、青と紫の混色。パレットに青と紫を混ぜる。１つ目の色が完成した。その色に水を加える。やや薄い色。２つ目の色が完成した。その色にさらに水を加える。３つ目の色が完成した。

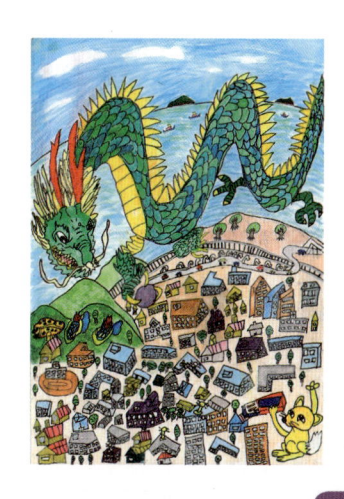

99

| ①青と紫
| ②やや薄い、青と紫
| ③薄い、青と紫

　３つを背景に塗っていく。どのように塗るのか。
　まずは①青と紫を塗る。隙間を空けて塗る。つっ〜と塗ってはならない。筆を立てて、てんてんと塗る。
　大事なのは「筆を立てる」「つっ〜と塗る」「隙間」だ。空いた隙間に、②の色を塗る。さらに③を塗る。
　こうすることで、背景に動きが出てくる。

　上の絵も、河田学級の絵だ。背景を渦上にしている。
　こうすると、風神と雷神が作り出した風、雷に、人が飲み込まれたようになる。背景で、絵にぐ〜んと動きが出る。
　背景の色塗りは細心の注意が必要だ。「あともう少しだから」と教師が安易な気持ちでいてはいけない。子どもたちをほめながら、根気強く指導していく。

3　指導の工夫＋α　時間を置く

　上ページの雷神・風神の絵。
　背景のダイナミックさに、あこがれを持った。

河田氏に聞く。
「渦上の背景、いつ思いついたのでしょうか？」

「う……ん、時間を置いたんよ。」

「時間ですか……」
河田氏は、どう指導していいか分からないときには、時間を置くという。
「ちょっと待ってね。明日にしよう。」と。
放課後や家で、「！！」と思いつくそうだ。
そして、こうも言った。
「どこかで同じような構図を見たのかもしれないね。良いなと思った絵やポスターを保存しておくから。もちろん、いちいち保存したものを見てないよ。だけど、脳のどこかに残るようにしている。」
つまり、膨大な量の本、絵、ポスターを見ておくことが大事だ。常に、アンテナを張っておくことが大事である。

4　指導の工夫＋α　河田学級の作品を掲示する

　私の実践だ。河田学級の絵を、クラスの黒板に提示する。読書感想画指導の１時間目に。まだ、図書室に行っていないときに。
　さらに、子どもの数だけ印刷して、全員に配布する。「同じ小学生が描いた感想画です。」と。モデルを見せることで、子ども達の絵は、ぐ〜んと向上する。指示も簡単になる。「この人物は、この顔を参考にして描いてごらんなさい。」「身体の動きは、この絵を参考にしてごらんなさい。」と。
　また、正進社の『わくわく絵のれん習ちょう』が良い。
　人物の顔の描き方。
　動きのある人間の描き方。
　手の描き方。
　スモールステップで練習できるワークシートになっている。
　どの子も上手に描けるようになっている。
　私は、読書感想画指導の前に、この『わくわく絵のれん習ちょう』を、子どもたちにさせた。すると、ほぼ手放しで、子どもたちは顔や手足を描いていた。おすすめの教材である。

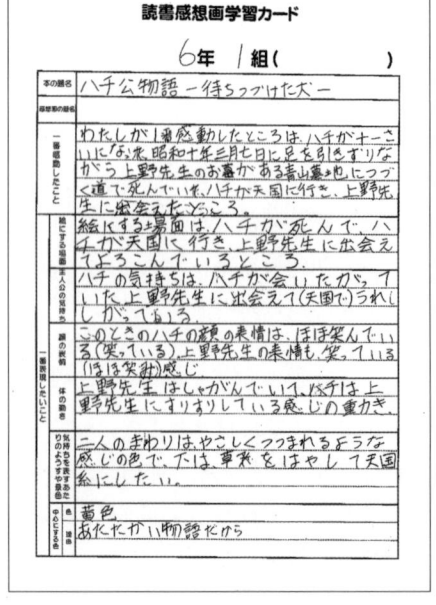

読書感想画奮闘記⑤ 感想画ワーク①

読書感想画ですから、スタートは、一冊の本です。まずは、その一冊を探すところから感想画制作は始まります。心に残った本、絵に表現したい本を選ぶ。これが最初の作業です。そして、自分の中に残った本の内容を整理します。

V

どの子も
"やる気ＵＰ"
作品"ほめ言葉"
バラエティー
酒井式ほめ方

1 読書感想画
――違う言葉でほめる具体例

河田　孝文

1　酒井氏のコメント

　河田学級の読書感想画作品すべてに、酒井臣吾氏（酒井式描画指導法研究会主宰）がコメントした。以下、河田学級児童のすべての絵、酒井氏のすべてのコメントである。

中心人物を斜めに配置したところ、お話の流れもうまく配置してあるところ素晴らしい。

1人の主人公を中心にして周りを良くまとめた。背景の虹色が美しい。

魚を捕る人と見学する人の関係が良く出た。網の中の魚達がとても良く描けた。

Ⅴ　どの子も"やる気ＵＰ"作品"ほめ言葉"バラエティー酒井式ほめ方

物語（嬉しい郵便）のテーマが明るくスッキリと出ている。

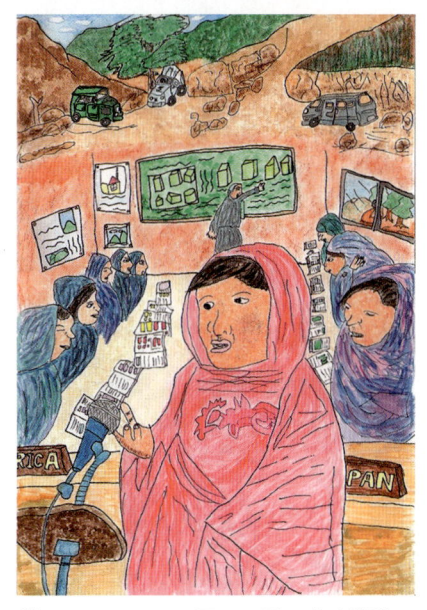

難しいイスラムの国のお話に良く挑戦し、エキゾチックな感じを良く出した。

戦っているふたりを上下に配置したので迫力が出た。明るい色も美しい。

本を読まなくてもこの絵を見ただけで子供と犬の物語が浮かんでくるような楽しい絵が描けた。

105

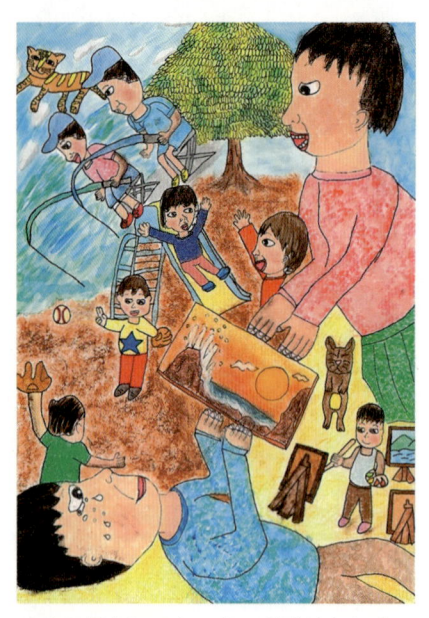

二人の動きにストーリーが感じられる、周りの子ども達との調和もよく取れている。

前方のパンダと人物から、だんだん向こうに視線を誘導する構図が見事。

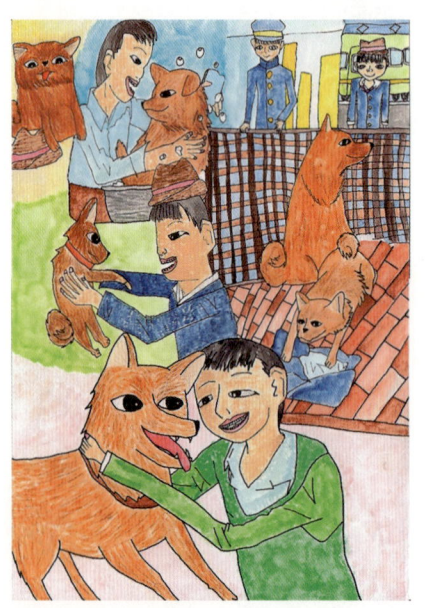

人も犬も全てが柔らかで暖かい。この子の優しさが良く出た。

全ての登場人物がみな嬉しそうで、見る人の気持ちを明るくさせてくれる。

Ⅴ どの子も"やる気ＵＰ"作品"ほめ言葉"バラエティー酒井式ほめ方

中央の鳥形モンスター？と周りのものとの対比が鮮やか。

ひとり一人の人物、猫の一匹一匹に物語がある。猫の多様なポーズに良く挑戦している。

三つ目小僧の浮遊感が素敵。この子が一番楽しんで描いている。
（林：この絵は、特別支援学級の児童が描いた。）

【全体講評】
　全体的に物語の筋や時間的な流れが想像出来る絵が多く楽しく見させて頂きました。これからは線と色彩の強弱との技術を少しずつ教えていってください。有り難うございました。また見せてください。
（酒井臣吾）

2　酒井氏のコメントからの学び

　酒井氏は、どの子の絵もほめている。さらに多様な言葉で。
　「素敵」「鮮やか」「柔らかで暖かい」「美しい」「素晴らしい」。さらに「浮遊感」「対比」「視線を誘導する構図」とある。コードが多種多様なのだ。①どの子の絵もほめる②みんな違う言葉でほめるのだ。できそうでできない。修業の積み重ねが必要だ。

107

2　風景画
　　　——指導ポイント入り　ほめ表現法

河田　孝文

1　酒井氏のコメント

　河田学級の風景画作品すべてに、酒井臣吾氏（酒井式描画指導法研究会主宰）がコメントした。以下、河田学級児童のすべての風景画、酒井氏のすべてのコメントである。

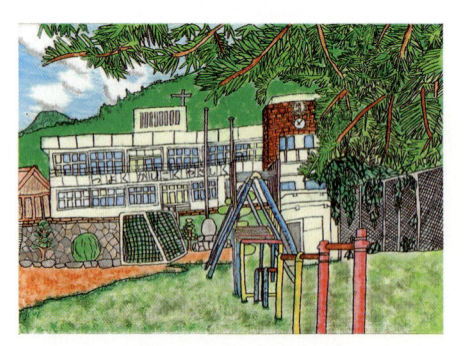

右側の木と鉄棒から視線が自然に校舎に導かれる。計算したかのような見事な構図。

右側の土手と校舎の傾きと左の橋との対比が面白い。

近景の葉っぱのこの大きさ！だから向こうの建物が生きてくる。

右の雲ていのデッサンうまい！曲線をうまく取り入れて遠景へとうまくつないでいる。

Ⅴ　どの子も"やる気ＵＰ"作品"ほめ言葉"バラエティー酒井式ほめ方

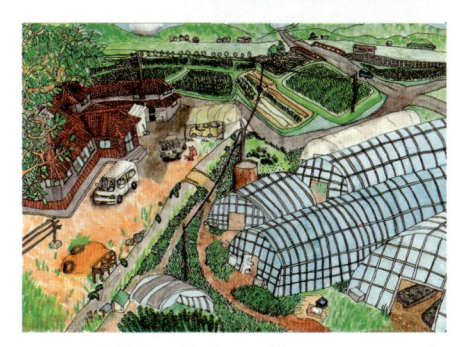

これは大傑作。俯瞰した構図をここまで素直に表現したものはあまり見たことがない。

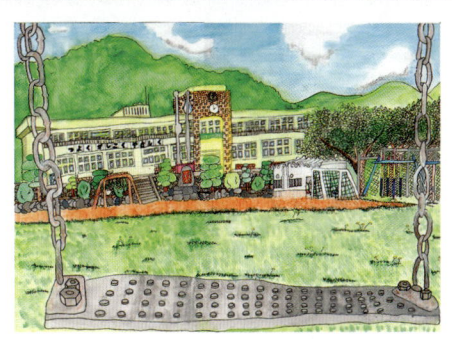

ものを立体として見ようとしている。水平に近い線が多いわりに安らかな動きが感じられる安定感抜群の絵。

校舎を斜めから捉える難しさによく挑戦し、良くまとめている。

何でもない場面をとりあげるセンスもいいが、ものの重なりのとらえ方も優れている。

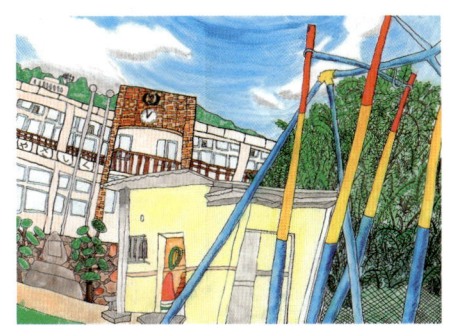

これは水平垂直が何もない構図、画面の動きを大胆に表現出来た。

109

何と言っても近景のヘチマ？の大きさと明るさからしぜんに奥の校舎に視線がゆうどうされる構図がいい。色彩もこのくらいの強さがいい。

室内の物品への造形意識が鋭く、立体としてしっかり捉えている。
※この絵を描いた児童は特別支援学級に在籍している。

見るもの全てを「楽しんで見る」才能のあるA君。家も木も吊り輪も全てが楽しく描ききっている。お見事。

中心の校舎に絞って詳しく描写し、後はさらりと流す専門家の描き方になっている。素敵な絵になった。

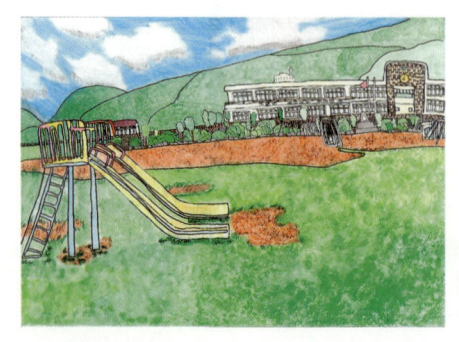

何故か滑り台の下の草がはげている部分に眼がいき、そこから校舎へと視線が誘導される。楽しい絵である。

【全体の講評　酒井氏】

感動してみました。

> 遠近という中心テーマでこれだけの多様性ある場面を描かせることが出来るのは河田先生しかいません。

これはどのような全体指導と個別指導から来るのか、学級作りとも絡めて発表してもらいたいものです。
　一人一人のコメントを述べます。
　快い感動の中で見せてもらいました。
　読書感想画に比べて、描写の深み厚みが一段と高まっています。その理由が何処にあるのか私の力では見取りきれませんが、風景なのに子ども達の気持ちが素直に出ていることだけは分かります。
　色彩も輪郭に負けない強さがあって良かったです。
　先生の実践見るのが楽しみになっています。
　是非また見せてください。

2　河田学級の絵画指導は、他教科とリンクしている。（林健広）

　河田学級に30回以上参観している。5月にして、ノートは美しい。定規で線を引くなどの丁寧さが身についている。
　社会科見学のあと、河田氏は見学のまとめを八ツ切り画用紙にまとめさせた。社会科見学の写真を貼り、コメントを書かせた。できた子が持ってくる。河田氏は「もっと埋めて。」と指示していた。「ぎっしりと書きなさい。」とも指示していた。
　丁寧に書かせる、ぎっしりと書かせる。この2つが、図工科指導につながっている。河田学級の絵は、どれも丁寧で、ぎっしり感がある。他教科の力が、図工科に転用されている。
　つまり、「ぎっしり描きなさい。」という指示は、図工だけでしているわけではない。風景画だけでしているわけではない。
　社会科のまとめなどで、4月から指示しているのである。

3 版画─構図の見事さをほめながら問題点指導

河田　孝文

1 酒井氏のコメント

　河田学級の版画作品すべてに、酒井臣吾氏（酒井式描画指導法研究会主宰）がコメントした。以下、河田学級児童のすべての版画、酒井氏のすべてのコメントである。

勝負の決まる一瞬をうまく捉えた。応援のこどもたちも巧い。白と黒の選別も良い。

これだけの人をみんな描き分ける力素晴らしい。

真ん中の絵の白さが引き立ってテーマが浮かび上がっている。

Ⅴ　どの子も"やる気ＵＰ"作品"ほめ言葉"バラエティー酒井式ほめ方

白と黒との配置と量、この作品が模範的、このように白の固まり黒の固まりを意識すると版画の美しさが出る。

見る人の視線が画面中央に集まるようにした構図が見事。

跳ぶ人と見る人を巧く配置して構図を創っている。

これも一点集中構図。人間の厚みが良く表現されている。

奥行きがでる構図を良く考えだしている。

一点集中構図、眼―指―検体―フラスコと眼をたどらせる構図が見事。眼の白が生きている。

人間のボリュウム感がしっかりしていて立体感がある、誠実な描写。

細部（スカーフの模様、お椀や箸、スプーン等）がしっかり表現されている。

全体が右へ流れるムーブメントがあり、躍動感がでた。

Ⅴ どの子も"やる気ＵＰ"作品"ほめ言葉"バラエティー酒井式ほめ方

四人のそれぞれのポーズがみな少しずつ違っていてリズムがある。

楽しい‼ひとり一人が生きている。床を白く抜いたところもすばらしい。

【全体の講評　酒井氏】

版画も素敵でした。これからの研究課題もあります。

テーマの作り方です。

写真の選び方と切り取り方は素晴らしいのですが、そのあとのテーマを強調する為のデフォルメの仕方がまだ出来ていません。テーマといっても難しいことは何もありません。

「誰が、何をしているのか」が一目で分かることと考えて良いでしょう。

そのために、写真をどうデフォルメするかをもっと子どもと一緒に考えることです。

版画は白と黒しかないのですからどうしても画面をギリギリまで絞らねばなりません。

画面に一杯入れようとすると、要らないものも入ってきますので、大事なものを詳しく要らないものは捨象して行くとテーマが浮かび出ます。少し理屈っぽくなってしまいました。

先生のクラスの子ども達がなんだか可愛くなって来ました。

又見せてください。

2　河田氏からの学び

　河田氏は、うれしそうに酒井氏のコメントを紹介していた。「来年度の課題ができた」とうれしそうだった。酒井氏から「テーマの作り方」という課題をもらったことがうれしいようだった。常に自分の実践を進化させること、自分より力量のある人に教えを請うこと、この2つが学びである。

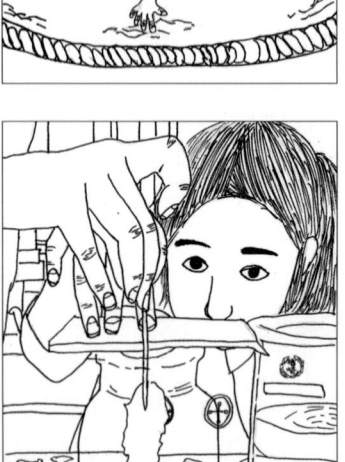

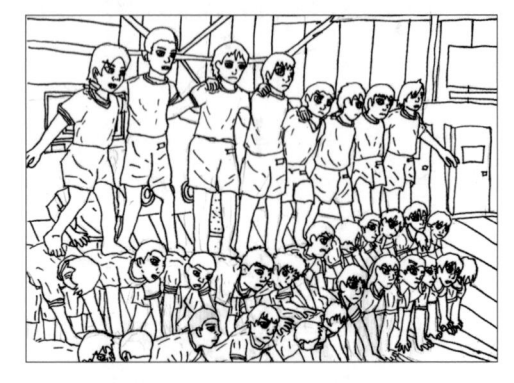

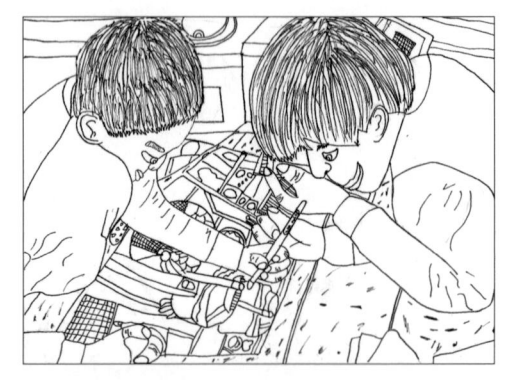

○著者紹介

河田孝文（かわた　たかふみ）

1964年山口県生まれ。大学卒業後小学校教師となり、教育技術法則化運動（代表：向山洋一）に出会い参加。法則化運動解散後は、TOSS（代表：向山洋一）に続けて参加。TOSS道徳教育研究会事務局担当。道徳教育に限らず、全国の教育セミナーで授業づくりを中心とした講座を務める。『子どもの心をわしづかみにする「教科としての道徳授業」の創り方』（学芸みらい社）、『子どもに教えたい大切なルール』（PHP研究所）他、単著、編著多数。

林　　健広（山口県下関市立川棚小学校）
吉谷　　亮　（山口県下関市立垢田小学校）
平松　英史（福岡県福岡市立美和台小学校）
下窪　理政（山口県下関市立垢田小学校）
信藤　明秀（愛媛県宇和島市玉津小学校）

ドーンと入賞！
"物語文の感想画"描き方指導の裏ワザ20

2015年10月25日　初版発行
2017年12月15日　第2版発行
2019年10月15日　第3版発行
2021年11月5日　第4版発行

編　集　河田　孝文
発行者　小島　直人
発行所　株式会社 学芸みらい社
　　　　〒162-0833 東京都新宿区箪笥町31 箪笥町SKビル3F
　　　　電話番号 03-5227-1266
　　　　https://www.gakugeimirai.jp/
　　　　E-mail : info@gakugeimirai.jp
印刷所・製本所　藤原印刷株式会社
ブックデザイン　星島正明

落丁・乱丁本は弊社宛お送りください。送料弊社負担でお取り替えいたします。
ISBN978-4-905374-88-6 C3037

学芸みらい社 既刊のご案内

日本全国の書店や、アマゾン他のネット書店で注文・購入できます!

書名	著者名・監修	本体価格
教育関連系(教科・学校・学級)シリーズ		
トラブルをドラマに変えてゆく教師の仕事術 発達障がいの子がいるから素晴らしいクラスができる!	小野隆行(著)	2,000円
ドクターと教室をつなぐ医教連携の効果 第一巻 医師と教師が発達障害の子どもたちを変化させた	宮尾益知(監修) 向山洋一(企画) 谷 和樹(編集)	2,000円
生徒に『私はできる!』と思わせる超・積極的指導法	長谷川博之(著)	2,000円
中学校を「荒れ」から立て直す!	長谷川博之(著)	2,000円
フレッシュ先生のための「はじめて事典」	向山洋一(監修) 木村重夫(編集)	2,000円
みるみる子どもが変化する『プロ教師が使いこなす指導技術』	谷 和樹(著)	2,000円
子どもの心をわしづかみにする「教科としての道徳授業」の創り方	向山洋一(監修) 河田孝文(著)	2,000円
あなたが道徳授業を変える	櫻井宏尚(著) 服部敬一(著) 心の教育研究会(監修)	1,500円
先生も生徒も驚く日本の「伝統・文化」再発見2 ～行事と祭りに託した日本人の願い～	松藤 司(著)	2,000円
先生も生徒も驚く日本の「伝統・文化」再発見 【全国学校図書館協議会選定図書】	松藤 司(著)	2,000円
国語有名物語教材の教材研究と研究授業の組み立て方	向山洋一(監修) 平松孝治郎(著)	2,000円
先生と子供どもたちの学校俳句歳時記 【全国学校図書館協議会選定図書】	星野高士(監修) 仁平勝(監修) 石田郷子(監修)	2,500円
子どもを社会科好きにする授業 【全国学校図書館協議会選定図書】	向山洋一(監修) 谷 和樹(著)	2,000円
子どもが理科に夢中になる授業	小森栄治(著)	2,000円
数学で社会／自然と遊ぶ本	日本数学検定協会 中村 力(著)	1500円
早期教育・特別支援教育 本能式計算法	大江浩光(著) 押谷由夫(解説)	2,000円
教育を未来に伝える書		
かねちゃん先生奮闘記 生徒ってすごいよ	兼田昭一(著)	1,500円
すぐれた教材が子どもを伸ばす!	向山洋一(監修) 甲本卓司&TOSS教材研究室(編著)	2,000円
教師人生が豊かになる 『教育論語』師匠 向山洋一曰く ──125の教え	甲本卓司(著)	2,000円
向山洋一からの聞き書き 第2集 2012年	向山洋一(著) 根本正雄(著)	2,000円
向山洋一からの聞き書き 第1集 2011年	向山洋一(著) 根本正雄(著)	2,000円
バンドマン修業で学んだ プロ教師への道	吉川廣二(著)	2,000円
向こうの山を仰ぎ見て	阪部 保(著)	1,700円
全員達成!魔法の立ち幅跳び 「探偵!ナイトスクープ」のドラマ再現	根本正雄(著)	2,000円
世界に通用する伝統文化 体育指導法 【全国学校図書館協議会選定図書】	根本正雄(著)	1,900円
教育の不易と流行	TOSS編集委員会(編さん)	2,000円

2015年2月現在

学芸を未来に伝える
学芸みらい社
GAKUGEI MIRAISHA

学芸みらい社 既刊のご案内

日本全国の書店や、アマゾン他のネット書店で注文・購入できます！

書　名	著者名・監修	本体価格
アニャンゴ（向山恵理子）の本		
翼はニャティティ 舞台は地球 【全国学校図書館協議会選定図書】	アニャンゴ（著）	1,500円
アニャンゴの新夢をつかむ法則 【全国学校図書館協議会選定図書】	向山恵理子（アニャンゴ）（著）	905円
もっと、遠くへ 【全国学校図書館協議会選定図書】	向山恵理子（アニャンゴ）（著）	1,400円
一般書		
雑食系書架記	井上泰至（著）	1,800円
「美味しい」っていわれたい　今日もフランス料理	糠信和代（著）	2,400円
カナダ・寄り道 回り道	落合晴江（著）	1,300円
COVERED BRIDGE （カバード ブリッジ） 過去からみらいへとつづく橋	三浦徹大（著）	2,000円
花いっぱいの家で	大澤彌生（著）	1,000円
サスペンダーの独り言	矢次 敏（著）	1,500円
日本人の心のオシャレ	小川創市（著）	1,500円
信州倶楽部叢書		
意志あるところに道は開ける	セイコーエプソン元社長 安川英昭（著）	1,500円
ノブレス・オブリージュの「こころ」	文化学園大学 理事長・学長 大沼 淳（著）	1,500円
シェスタシリーズ		
父親はどこへ消えたか　-映画で語る現代心理分析-	樺沢紫苑（著）	1,500円
国際バカロレア入門　融合による教育イノベーション	大迫弘和（著）	1,800円
ノンフィクション		
銀座のツバメ 【全国学校図書館協議会選定図書】	金子凱彦（著） 佐藤信敏（写真）	1,500円
二度戦死した特攻兵　安部正也少尉	福島 昂（著）	1,400円
児童書		
超救助犬リープ （児童書） 【日本図書館協会選定図書】【全国学校図書館協議会選定図書】	文：石黒久人 絵：あも～れ・たか	1,300円
句集・歌集		
句集 蜜柑顔	山口隆右（著）	2,500円
句集 実千両	大原芳村（著）	2,500円
画集		
風に想いを寄せて	髙橋まさみ（著）	1,200円

2015年2月現在

学芸を未来に伝える
学芸みらい社
GAKUGEI MIRAISHA

2015年度新教科書対応

小学校教師のスキルシェアリング
そしてシステムシェアリング
―初心者からベテランまで―

授業の新法則化シリーズ
<全28冊>

企画・総監修／**向山洋一** 日本教育技術学会会長
TOSS代表

編集・執筆 **TOSS授業の新法則** 編集・執筆委員会

発行：学芸みらい社

　1984年「教育技術の法則化運動」が立ち上がり、日本の教育界に「衝撃」を与えた。そして20年の時が流れ、法則化からTOSSになった。誕生の時に掲げた4つの理念はTOSSになった今でも変わらない。
1. 教育技術はさまざまである。出来るだけ多くの方法を取り上げる。（多様性の原則）
2. 完成された教育技術は存在しない。常に検討・修正の対象とされる。（連続性の原則）
3. 主張は教材・発問・指示・留意点・結果を明示した記録を根拠とする。（実証性の原則）
4. 多くの技術から、自分の学級に適した方法を選択するのは教師自身である。（主体性の原則）

　そして十余年。TOSSは「スキルシェア」のSSに加え、「システムシェア」のSSの教育へ方向を定めた。これまでの蓄積された情報をTOSSの精鋭たちによって、発刊されたのが「新法則化シリーズ」である。
　日々の授業に役立ち、今の時代に求められる教師の仕事の仕方や情報が満載である。ビジュアルにこだわり、読みやすい。一人でも多くの教師の手元に届き、目の前の子ども達が生き生きと学習する授業づくりを期待している。

（日本教育技術学会会長　TOSS代表　向山洋一）

学芸みらい社 GAKUGEI MIRAISHA
学芸を未来に伝える

株式会社 学芸みらい社（担当：横山）
〒162-0833 東京都新宿区箪笥町43番 新神楽坂ビル
TEL 03-5227-1266　FAX 03-5227-1267
http://www.gakugeimirai.com/
e-mail info@gakugeimirai.com